<개정판> 쉬운 Java 교과서

유 채 곤 著

21세기사

머리말

Java는 1995년에 세상에 나온 이후 짧은 기간 동안 정말 대단한 언어가 되었습니다. 인터넷을 움직이는 웹 서버용 프로그램을 개발하는 일로부터 일상에서 항상 손 안에 들고 있는 스마트폰용 앱을 제작하는 작업에까지 Java는 다재다능한 능력을 보여줍니다. Java는 윈도우, 리눅스, OS X, 안드로이드 등 어떤 플랫폼에서도 실행되기 때문에 한 번 프로그램을 작성해 놓으면 활용 범위가 매우 넓은 강점을 가지고 있습니다. 또한 인터넷상에서 동작이 가능한 특징은 Java를 훨씬 강력한 언어로 만들어 줍니다.

Java를 배울 때 접근하는 방식에 따라서는 복잡하게 느껴질 수도 있고, 우리 일상의 언어와 같이 친근한 언어가 될 수도 있습니다. 본서의 목적은 Java를 쉽게 배우는 것입니다. 이론을 설명하기 전에 직관적인 예를 사용하고자 노력하였습니다. 복잡한 예보다는 최대한 간단한 예를 사용하여 Java 자체에 대한 설명에 집중했습니다. 예가 복잡하면 Java보다는 다른 문제에 빠져들 수 있기 때문입니다. 그리고 각 장의 예들은 일관성이 있는 흐름을 유지했습니다. Java의 각 구성 요소를 유기적으로 이해할 수 있도록 하기 위해서입니다.

따라서 본서는 Java를 처음 만나는 독자나 Java를 배우기는 했지만 확실한 기초를 다시 훑어보고자 하는 독자들에게 적당합니다. 불필요한 디자인이나 설명은 과감히 생략하고 Java의 본질에 대한 설명에 집중했기 때문에 단계별로 읽어가며 Java의 기초를 쉽게 이해할 수 있습니다.

본 서는 2014년에 출간된 〈쉬운 Java 교과서〉의 개정판입니다. 책의 일부 내용을 삭제하였고, 후반부에 컬렉션의 설명을 추가하여 자료구조의 활용과 실무 적응력을 높일 수 있도록 하였습니다.

머리말

아무쪼록 본서가 Java를 빠른 시간 안에 배우고자 하는 독자들에게 많은 도움이 되길 빕니다. 항상 집필 과정에서의 힘과 목적이 되어주는 아내 경아와 두 딸 정민이, 주원이와 또 한 권의 책을 발간하는 기쁨을 같이 하고자 합니다.

2016년 3월

저자 유채곤

목 차

목 차

목 차

목 차

목 차

JAVA

Java 개발환경 구축

1장
Java 개발환경 구축

Java 언어는 왜 인기가 좋을까?

Java는 컴퓨터에서 프로그래밍을 하기 위한 컴퓨터언어 중의 하나이다. 그렇다면 프로그래밍 언어란 무엇일까? 요즘은 누구나 컴퓨터를 쉽게 사용한다. 심지어 어린아이들도 컴퓨터나 스마트폰으로 인터넷 서핑과 게임을 쉽게 즐긴다. 컴퓨터를 사용한다는 것은 컴퓨터에게 일을 시키는 것이다. 여러분이 인터넷 서핑을 즐기고, 워드 프로세서로 문서를 작성한다는 것은 컴퓨터 내부의 부품들, 특히 CPU에게 일을 시키고 있는 것이다. 적지 않은 금액을 지불하고 구입한 컴퓨터를 가장 잘 사용하는 방법은 CPU에게 다양한 일을 시키는 것이다.

워드 프로세서, 그래픽 편집기, 인터넷 사용 등을 통하여 컴퓨터에게 일을 시킬 때는 그 소프트웨어들이 정한 방식 이외의 일은 시킬 수가 없다. 예를 들어 자신의 업무에 필요한 어떤 작업을 하고자 할 때 이를 지원해주는 소프트웨어가 없다면 컴퓨터가 전혀 도움이 되지 못한다. 이 때 필요한 것이 프로그래밍이다. 여러분이 직접 프로그래밍을 한다는 것은 또 하나의 소프트웨어를 제작한다는 것이고, 이를 통하여 여러분은 컴퓨터에게 원하는 다양한 일을 시킬 수 있게 된다. 이것이 프로그래밍 언어를 배우는 이유이다.

Java언어는 비교적 젊은 컴퓨터 언어에 속한다. Java는 제임스 고슬링이라는 사람이 만든 컴퓨터언어인데 1995년에 선마이크로시스템즈사로부터 대중에 발표되었다. Java 탄생의 가장 큰 목적은 "Write Once, Run Anywhere(한 번 작성하고, 어디에서나 실행된다.)"이다. 컴퓨터 프로그래밍을 경험해본 사람은 알겠지만, 특정 플랫폼을 위해 작성된 프로그램은 다른 플랫폼에서는 실행되지 않는다. 예를 들어서 윈도우 운영체제에서 만들어진 워드프로세서는 리눅스나, OS X와 같은 다른 운영체제에서는 작동되지 않는다. 따라서 각 플랫폼별로 소프트웨어를 작성해야 하는 번거로움이 따른다. 하지만 Java는 한 번만 작성해놓으면 어떤 플랫폼에서라도 동작한다. JVM(Java Virtual Machine)이라는 개념을 사용하기 때문이다. 이런 특징으로 인하여 Java 언어는 플랫폼이 다른 컴퓨터는 물론 각종 전자 기기 내에서도 동작이 가능한 장점을 가지고 있다. 이런 이유로 Java는 오늘날의 인기 있는 프로그래밍 언어가 된 것이다.

Java가 널리 사용되는 또 하나의 중요한 이유는 인터넷을 기반으로 동작이 가능하다는 점이다. 이로 인하여 2000년대 이후 인터넷 기술의 발달과 함께 급격하게 관심을 받아오며 현재는 가장 많이 사용되는 컴퓨터 언어로서 부상하였다. 현재 안드로이드 운영체제 기반의 스마트폰용 앱들도 Java로 개발되고 있는 것이 그 일예이다. Java를 처음 개발했던 썬마이크로시스템즈 사는 2010년에 Oracle사에 합병되었으며, 현재 Java는 Oracle사에 의하여 개발되고 배포된다.

 Java 프로그래밍

Java는 고급(High Level)언어이다. 여기서 고급이란 수준이 높다는 의미가 아니라 언어의 형태가 기계 쪽 보다는 사람 쪽에 가깝다는 의미를 가진다. 실제 컴퓨터라는 기계가 이해할 수 있는 언어는 1과 0으로 구성된 이진 데이터밖에는 없다. 하지만 사람은 이진수로 이루어진 컴퓨터 언어, 즉 기계어를 이해하기가 어렵다. 더욱이 사람이 기계어로 프로그램을 작성한다는 것은 너무 어려운 일이다. 마치 프랑스어를 모르면서 프랑스 사람과 대화를 하는 상황과도 유사하다고 할 수 있을 것이다. 서로 사용하는 언어가 다를 때 우리는 번역가를 고용한다. 컴퓨터에서도 마찬가지이다. 사람은 Java와 같은 고급언어로 프로그램을 작성한다. 고급언어로 작성된 프로그램을 컴파일러라는 소프트웨어가 번역하여 기계가 이해할 수 있는 기계어로 번역해준다. 컴퓨터는 이렇게 번역된 기계어를 실행해준다.

Java도 사람을 위한 고급언어이기 때문에 역시 번역과정을 거친다. 우리는 파일의 확장자를 java로 사용하여 Java로 작성된 소스 프로그램을 저장한다. 예를 들면 Test.java와 같이 파일의 이름은 마음대로 이름을 정해도 되지만 확장자 부분은 java라는 명칭을 주어 파일로 저장한다. 이렇게 Java 언어가 들어있는 파일을 소스 파일이라고 부른다. 이 소스 파일은 Java용 컴파일러에 의하여 번역되어 class 파일로 저장된다. 예를 들어 Test.java 파일은 번역과정을 거쳐 Test.class라는 파일로 변경된다. 이 클래스 파일은 JVM이라는 Java 실행기에 의하여 실행된다. 윈도우, 리눅스, OS X 등 각 플랫폼에는 미리 JVM이라는 Java 실행기가 준비되어 있기 때문에, 한 플랫폼에서 작성된 Java 프로그램은 어떤 플랫폼에서도 실행될 수 있다. 이런 Java의 실행 과정은 그림 1을 보면 쉽게 이해할 수 있다.

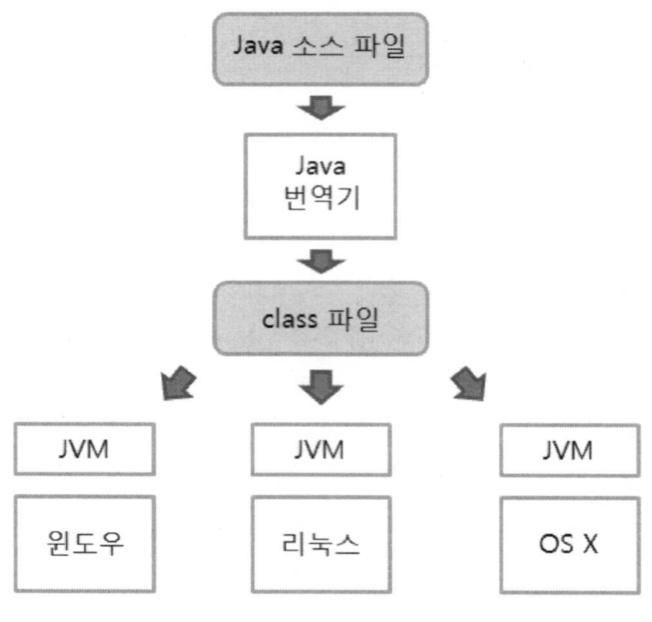

그림 1 _ Java의 실행 단계

Java 프로그래밍을 위한 준비

Java 프로그램은 윈도우, 리눅스, OS X 등 어떤 운영체제 환경에서도 작성할 수 있다. 본서에서는 윈도우 운영체제를 기반으로 Java 프로그램 작성 방법을 설명한다. Java 프로그램을 작성하기 위해서는 다음과 같이 간단히 두 가지 도구만 있으면 된다.

1. 텍스트 파일 편집기
2. JDK (Java Development Kit)

텍스트 파일 편집기는 윈도우의 메모장과 같이 텍스트 파일을 생성하고, 편집하고, 저장만 할 수 있으면 된다. 그러므로 윈도우의 메모장만으로도 Java 프로그래밍은 가능하다. 하지만 메모장으로만 Java 프로그램을 작성한다는 것은 자전거를 타고 서울에서 부산을 가는 일에 비유될 수 있다. 가능은 하지만 매우 불편하다는 의미이다. 오늘날 대부분의 Java 프로그래머들은 이클립스(Eclipse)라는 편집기를 사용하여 Java 프로그램을 작성한다. 이클립스는 Java 프로그래밍을 위한 다양한 편의 기능을 지원할 뿐만이 아니라 무료이다. 그러므로 본서에서도 이클립스를 사용하여 Java 프로그램을 작성할 것이다.

JDK는 Java Development Kit의 약어로서 앞에서 설명된 Java 번역기는 물론 다양하고 강력한 기능이 구현되어 있는 다양한 클래스들을 제공해 주어 Java 프로그래밍을 도와준다. JDK역시 오라클사의 홈페이지에서 무료로 다운로드받을 수 있다.

JDK 다운로드 및 설치

먼저 JDK를 다운로드 받아 컴퓨터에 설치해보자. 그림 2에서와 같이 http://www.oracle.com 웹사이트를 방문 후 중앙의 Downloads 메뉴의 내용 중 좌측의 Java for Developers라는 항목을 선택한다.

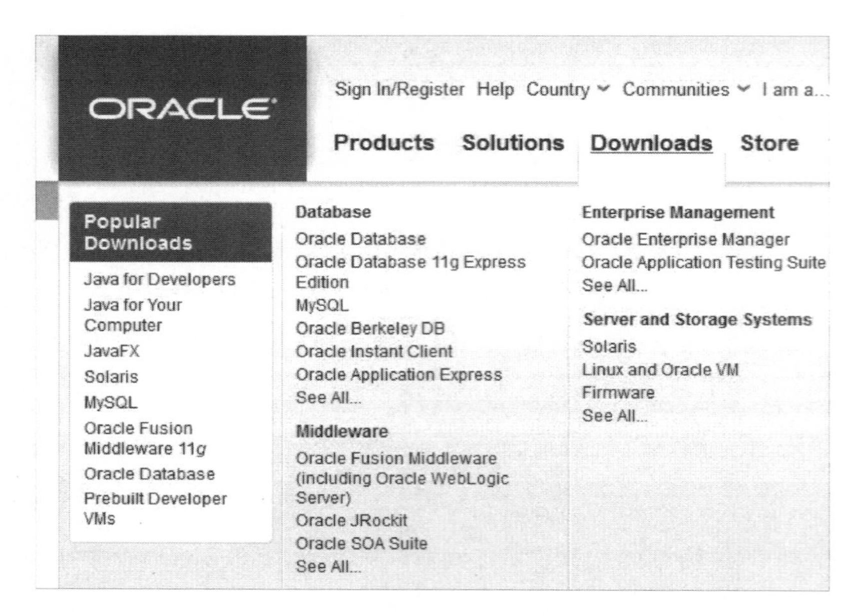

그림 2 _ http://www.oracle.com 웹사이트

그 다음에 나타나는 그림 3과 같은 Downloads 화면에서 좌측의 Java SE를 선택한다. Java SE는 Java Standard Edition을 의미한다.

그림 3 _ JDK 다운로드 페이지

마지막으로 그림 4와 같이 플랫폼별 JDK 선택 화면이 나타나는데, 하단 부분의 Windows x64 항목의 우측에 있는 jdk-8u5-windows-x64.exe를 다운로드 받으면 된다. 만약 사용하고 있는 운영체제가 64비트 윈도우가 아닌 이전의 32비트 버전이라면 Windows x86 우측에 있는 설치 파일을 다운로드 받으면 된다. 윈도우 7 이후의 운영체제라면 대부분 64비트 환경일 것이다. 자신의 운영체제가 64비트인지 32비트인지를 확인하려면 윈도우 바탕화면의 '내 컴퓨터'를 마우스 우측 버튼으로 누른 후 '속성' 메뉴를 선택하면 확인할 수 있다. JDK 설치 파일을 보면 8u5라는 표시가 나오는데 이는 JDK의 버전을 의미한다. 8은 1.8 버전임을 의미하며 u5는 5번째 업데이트임을 의미한다. 그러므로 독자 여러분이 본서를 읽는 시점에는 버전이 변경되어 파일 이름이 위와 다를 수도 있다는 점을 참고하자. 다운로드가 완료되었다면 파일을 실행하여 컴퓨터에 JDK를 설치하도록 한다.

Java SE Development Kit 8u5

You must accept the Oracle Binary Code License Agreement for Java SE to download this software.

Thank you for accepting the Oracle Binary Code License Agreement for Java SE; you may now download this software.

Product / File Description	File Size	Download
Linux x86	133.58 MB	jdk-8u5-linux-i586.rpm
Linux x86	152.5 MB	jdk-8u5-linux-i586.tar.gz
Linux x64	133.87 MB	jdk-8u5-linux-x64.rpm
Linux x64	151.64 MB	jdk-8u5-linux-x64.tar.gz
Mac OS X x64	207.79 MB	jdk-8u5-macosx-x64.dmg
Solaris SPARC 64-bit (SVR4 package)	135.68 MB	jdk-8u5-solaris-sparcv9.tar.Z
Solaris SPARC 64-bit	95.54 MB	jdk-8u5-solaris-sparcv9.tar.gz
Solaris x64 (SVR4 package)	135.9 MB	jdk-8u5-solaris-x64.tar.Z
Solaris x64	93.19 MB	jdk-8u5-solaris-x64.tar.gz
Windows x86	151.71 MB	jdk-8u5-windows-i586.exe
Windows x64	155.18 MB	jdk-8u5-windows-x64.exe

그림 4 _ JDK 항목 선택

이제 컴퓨터에 JDK가 설치되었다. 설치된 JDK가 어느 폴더에 위치하는 지를 알아보자. 윈도우 탐색기를 사용하여 C:₩Program Files₩Java ₩jdk1.8.0_5 폴더를 방문해보면 그림 5와 같이 JDK 구성요소들이 위치해 있는 것을 볼 수 있다. 독자 여러분이 본서를 보는 시점에는 버전이 변경되어 있을 수 있기 때문에 폴더 명이 C:₩Program Files₩Java₩jdk1.8.0_5과는 차이가 있을 수 있다는 점도 참고하자.

이름	수정한 날짜	유형	크기
bin	2014-04-18 오전 11:41	파일 폴더	
db	2014-04-18 오전 11:41	파일 폴더	
include	2014-04-18 오전 11:41	파일 폴더	
jre	2014-04-18 오전 11:41	파일 폴더	
lib	2014-04-18 오전 11:41	파일 폴더	
COPYRIGHT	2014-03-18 오전 3:12	파일	4KB
javafx-src	2014-04-18 오전 11:41	ALZip ZIP File	4,564KB
LICENSE	2014-04-18 오전 11:41	파일	1KB
README	2014-04-18 오전 11:41	HTML 문서	1KB
release	2014-04-18 오전 11:41	파일	1KB
src	2014-03-18 오전 3:13	ALZip ZIP File	20,699KB
THIRDPARTYLICENSEREADME	2014-04-18 오전 11:41	텍스트 문서	175KB
THIRDPARTYLICENSEREADME-JAVAFX	2014-04-18 오전 11:41	텍스트 문서	121KB

그림 5 _ JDK 구성 폴더들

지금까지의 과정을 통하여 JDK의 설치는 완료되었지만 한 가지 설정 작업이 남아있다. 설치된 JDK의 위치를 알려주는 시스템 환경변수의 설정이 필요하다. 시스템 환경변수는 JDK의 위치를 다른 프로그램들에게 알려주어 JDK를 사용할 수 있도록 해준다.

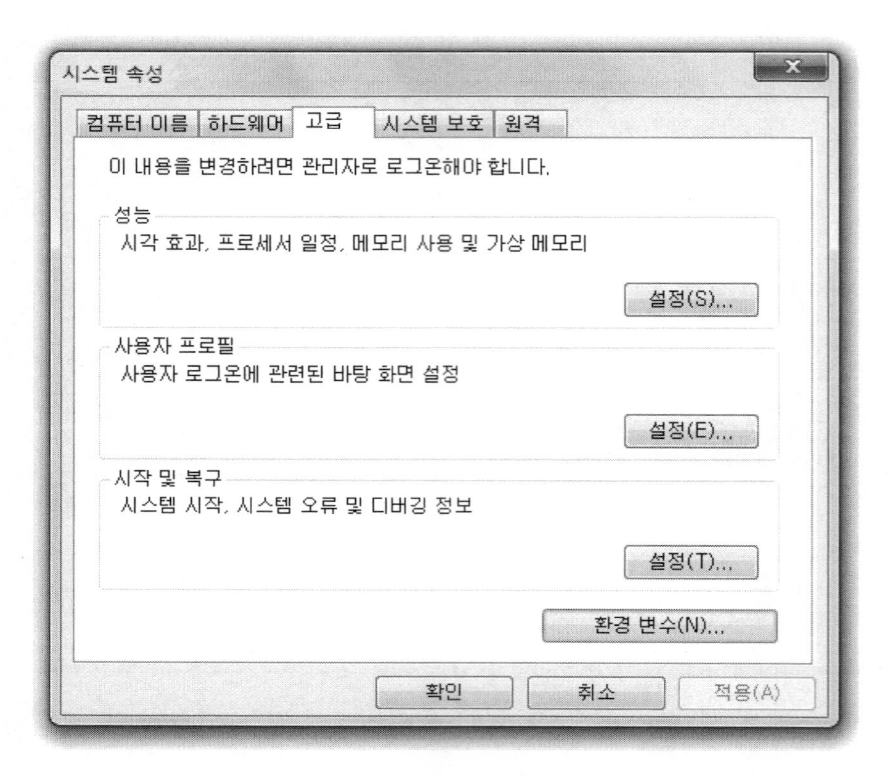

그림 6 _ 시스템 속성

윈도우 탐색기를 실행한 후 좌측의 항목에서 '컴퓨터'를 마우스 우측 버튼으로 누른 후 '속성' 메뉴를 선택하면 컴퓨터에 대한 기본 정보 보기 화면이 나타난다. 이 화면의 좌측 메뉴에서 '고급 시스템 설정'을 누르면 그림 6과 같은 창이 나타난다. 다시 이 화면에서 하단의 '환경변수' 버튼을 누르면 그림 7과 같이 환경변수를 설정할 수 있는 창이 나타난다. JDK를 설치하고 난 후에는 일반적으로 다음 세 가지 환경변수를 설정하여 JDK 설정을 완료하게 된다.

1. JAVA_HOME 환경변수 생성
2. Path에 Java의 bin 경로 추가
3. CLASSPATH 환경변수 생성

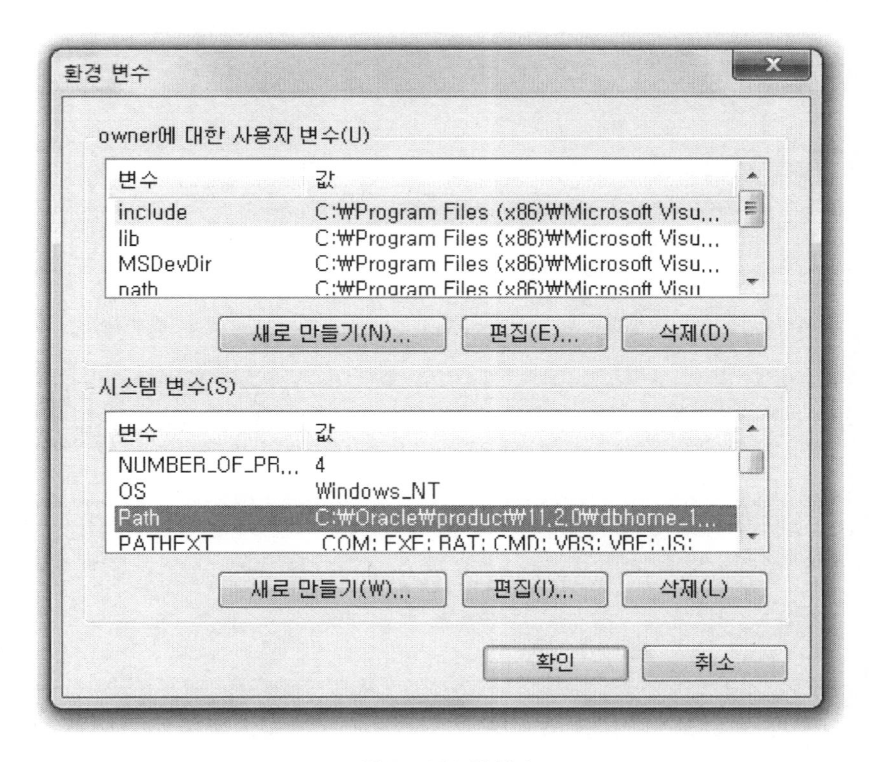

그림 7 _ 시스템 변수

그림 7에서 하단의 시스템 변수 영역에서 '새로 만들기' 버튼을 누르면 그림 8과 같은 창이 나타난다. 이 창에서 변수 이름은 JAVA_HOME으로 변수 값은 'C:₩Program Files₩Java₩jdk1.8.0_5'와 같이 자신의 컴퓨터에 JDK가 설치되어 있는 폴더 이름을 확인하여 정확히 입력한다. 확인 버튼을 누르면 JAVA_HOME이라는 환경변수가 컴퓨터에 생성된다. 이 이후부터는 다른 프

로그램들이 JDK가 설치된 위치를 인식할 수 있다.

새 시스템 변수

변수 이름(N): JAVA_HOME

변수 값(V): C:₩Program Files₩Java₩jdk1.8.0_5

확인 취소

그림 8 _ JAVA_HOME 환경변수 설정

이제 Path에 Java의 bin 폴더를 추가해보자. 시스템 환경변수인 Path는 사용자가 실행 명령을 내리면 그에 해당하는 실행 파일이 위치한 경로들이 기록되어 있는 변수이다. Path 환경변수는 다른 프로그램들의 실행을 위하여 이미 생성되어 있을 것이기 때문에 직접 생성해줄 필요는 없다. 기존의 Path 환경변수에 Java 실행 파일들이 들어 있는 bin 폴더의 위치를 추가만 해주면 된다. Path 환경변수에 기록되어 있는 여러 경로들은 세미콜론(;)을 사용하여 구분된다.

그림 7에서 하단의 시스템 변수 창에서 Path를 선택한 후 편집 버튼을 누르면 그림 9와 같은 창이 나타난다. 변수 값 항목의 가장 앞부분에 '%JAVA_HOME% ₩bin'이라고 입력 후 세미콜론 (;)을 추가 한 후 확인 버튼을 누르면 Java의 bin 폴더에 대한 경로 추가는 완료된다. %JAVA_HOME%은 앞에서 추가한 환경변수 JAVA_HOME을 의미하는 것으로서 JDK의 설치 위치를 의미한다.

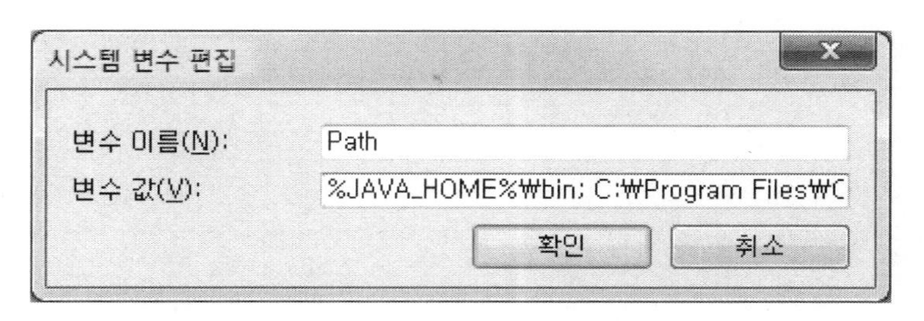

그림 9 _ 환경변수 Path에 Java의 bin 경로 추가

마지막으로 Classpath 환경변수를 추가해보자. Classpath는 다른 패키지들을 import할 때 클래스들의 위치를 알려주는 환경변수이다. 이 환경변수는 일반적으로 시스템에 없는 경우가 많기 때문에 그림 7에서 '새로 만들기' 버튼을 눌러서 생성하면 된다. 그런데 어떤 응용프로그램은 설치될 때 이 Classpath 환경변수를 자체적으로 생성해 놓는 경우가 있다. 그러므로 그림 7의 시스템 변수 창에서 Classpath를 찾아보고 이미 생성되어 있다면 다음에 설명되는 클래스 경로를 앞에 추가만 해주면 된다. 일단 기존의 Classpath가 없다고 가정을 하고 그림 7의 창에서 '새로 만들기' 버튼을 눌러서 환경 변수 추가 창을 열도록 한다. 여기에 그림 10과 같이 환경변수를 Classpath로 입력하고 그 값은 %JAVA_HOME%₩lib₩tools.jar;.로 입력한 후 확인을 누른다. 이로서 JDK에 관련된 환경변수 설정은 완료된다. 이 값의 가장 뒤에 ;. 가 붙은 이유는 현재 폴더(.)도 포함 시키기 위해서 이다.

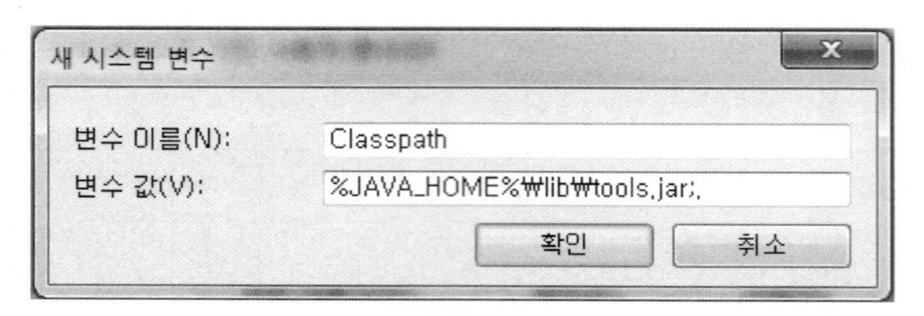

그림 10 _ Classpath 환경변수 생성

이클립스 다운로드 및 설치

Java 프로그램 작성을 위한 편집용 소프트웨어인 이클립스를 다운로드하기 위하여 http://www.eclipse.org 웹사이트를 방문한다. 웹사이트 상단의 Downloads 메뉴를 누르면 그림 11과 같이 이클립스를 다운로드할 수 있는 페이지로 이동된다. 우측에서 운영체제별 이클립스를 선택할 수 있으며, 32비트용과 64비트용 중 자신의 운영체제에 맞는 버전의 이클립스를 다운로드 받은 후 실행한다.

다운로드 받은 이클립스 파일을 실행하면 사용자가 지정한 폴더에 압축이 풀린다. 이클립스는 일반적인 윈도우 프로그램들이 시작 메뉴에 설치되는 방식과는 달리 압축이 풀린 폴더에서 직접 이클립스 실행 파일을 더블클릭하여 실행하도록 되어 있다. 따라서 이클립스를 실행하고자 할 경우 압축이 풀린 폴더 속으로 들어가 eclipse.exe 파일을 더블클릭하도록 한다. 보다 편하게 실행하고자 할 경우에는 eclipse.exe파일을 마우스 우측 버튼으로 클릭한 후 나타나는 메뉴에서 '바로 가기 만들기'를 실행하면 eclipse.exe 파일을 바로 실행할 수 있는 바로가기 아이콘이 만들어진다. 이 아이콘을 바탕화면으로 꺼내 놓으면 복잡하게 폴더를 찾지 않고도 바탕화면에서 바로 가기 아이콘을 더블클릭하여 이클립스를 실행할 수 있다.

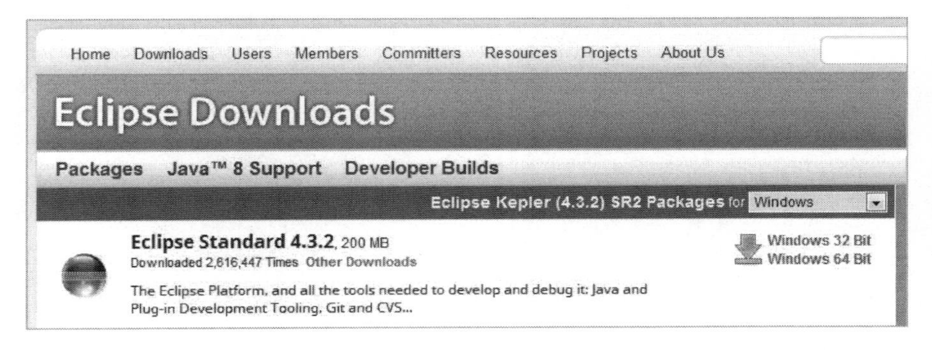

그림 11 _ 이클립스 다운로드 페이지

이클립스로 프로젝트 만들기

이클립스를 실행하고 Java 프로그래밍을 위한 프로젝트를 만드는 단계를 살펴보자. 프로젝트란 Java 프로그래밍을 위해 필요한 파일들의 집합을 묶어 놓는 단위를 의미한다. 이클립스를 실행하면 그림 12와 같이 워크스페이스(Workspace) 선택 창이 나타난다. 워크스페이스는 이클립스에서 프로젝트가 생성되고 프로그래밍이 이루어지는 기본 작업 위치이다. 이 창에서 OK 버튼을 누르면 이클립스가 추천한 워크스페이스 폴더를 사용하게 된다. 만약 다른 폴더에 프로젝트를 생성하고자 한다면 우측의 Browse 버튼을 눌러서 새로운 위치를 지정하면 된다. 프로젝트가 생성되는 위치는 절대적인 것은 아니며 프로젝트 생성 후 언제라도 프로젝트 폴더를 원하는 위치로 복사할 수 있다. 본 설명에서는 OK 버튼을 눌러서 이클립스가 지정한 워크스페이스 위치를 사용하는 것으로 한다.

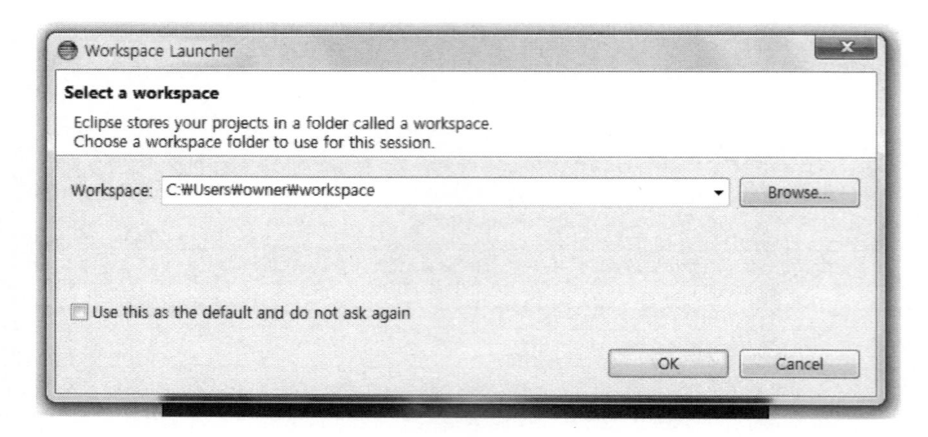

그림 12 _ Workspace 안내 창

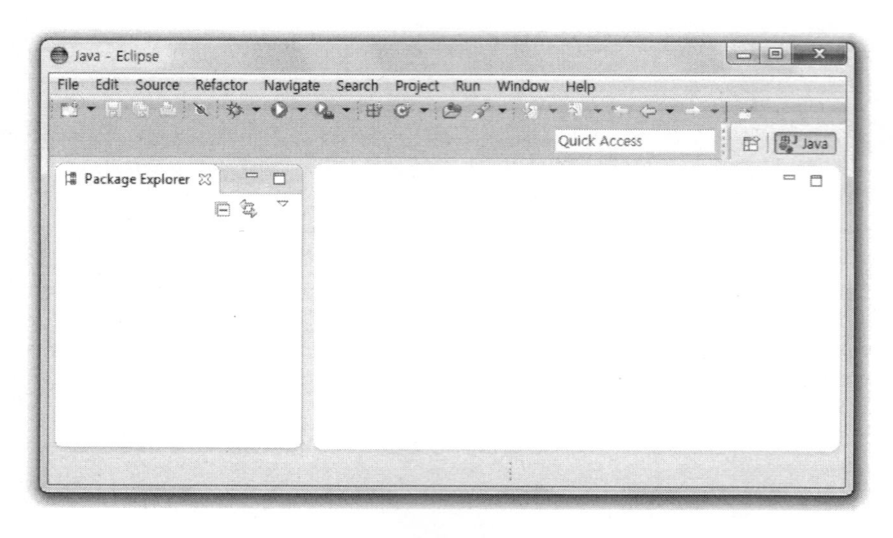

그림 13 _ 이클립스 실행 화면

그림 13은 이클립스가 실행된 첫 화면이다. 생성된 프로젝트가 없기 때문에 작업 내용이 없는 빈 상태의 화면 구성만 볼 수 있다. 이 화면의 상단에는 Java 프로그래밍을 위한 각종 메뉴가 위치한다. 화면의 좌측에는 패키지 익스플로러(Package Explorer)가 위치해 있다. 패키지 익스플로러는 이클립스에 생성되어 있는 여러 프로젝트들을 보여주며, 이 중 원하는 프로젝트를 선택하여 Java 프로그래밍을 할 수 있도록 해준다. 또한 한 프로젝트 내에서 여러 개의 Java 소스 코드를 편리하게 관리할 수 있도록 해준다. 패키지 익스플로러 우측에 위치한 창은 소스 코드를 편집하는 창이다.

이제 Java 프로그래밍을 위한 프로젝트를 생성해보자. 이클립스에서 그림 14에서와 같이 [File -> New -> Java Project] 메뉴를 차례로 선택한다.

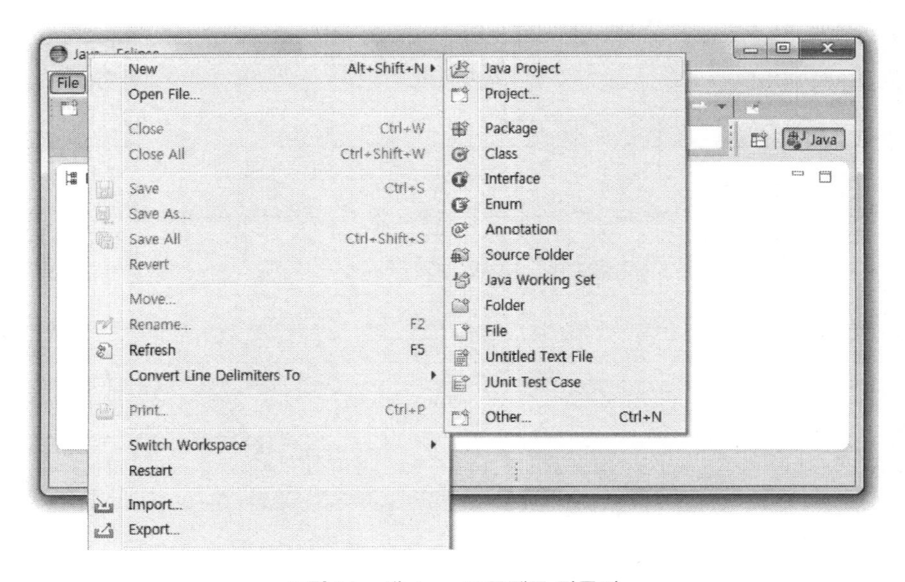

그림 14 _ 새 Java 프로젝트 만들기

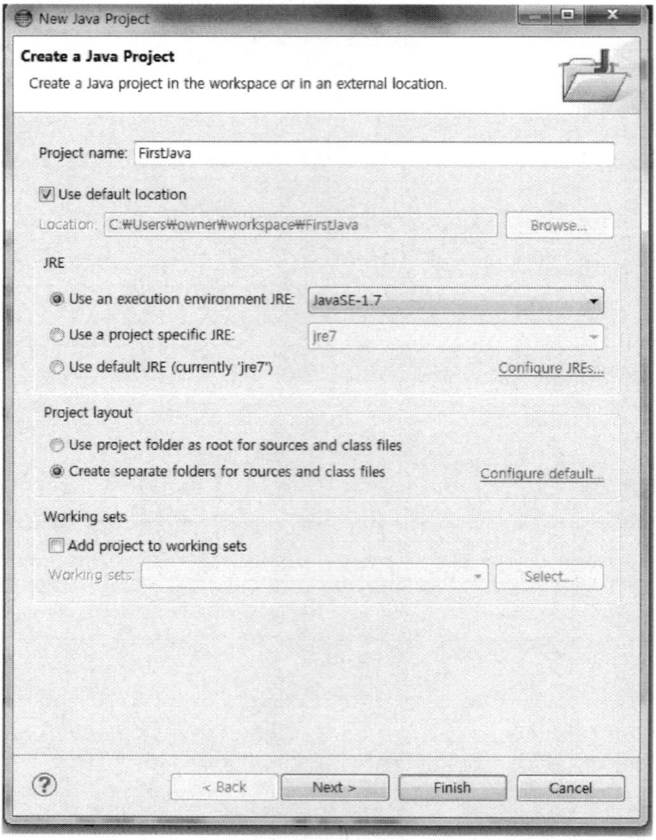

그림 15 _ Java 프로젝트 이름 입력

그림 15에서와 같이 새로운 Java 프로젝트에 대한 세부 사항을 입력하는 창이 나타난다. 이 화면에서 가장 중요한 부분은 프로젝트 이름을 입력하는 Project Name 항목이다. 여기에 입력된 프로젝트 이름은 워크스페이스 폴더 아래에 생성되는 프로젝트 폴더의 이름으로 사용된다. 프로젝트 이름은 한글로 입력해도 무관하며 프로젝트 이름 중간에 공백을 넣을 수도 있다. 하지만 되도록 영문을 사용할 것을 권한다. 순수하게 이클립스와 Java만을 사용

할 경우에는 문제가 없으나, 향후 다른 라이브러리 등을 사용하여 작업할 경우 한글 경로를 인식하지 못하는 경우가 발생할 수 있기 때문이다. 또한 프로젝트 이름에도 되도록 공백을 넣지 않는 것이 향후 발생할 수 있는 오류를 줄이는 길일 것이다. 본 설명에서는 프로젝트 이름 란에 'FirstJava'라는 이름을 입력하고 진행한다. 프로젝트만 입력하고 하단의 Finish 버튼을 누르면 간단하게 Java 프로젝트를 생성할 수 있다.

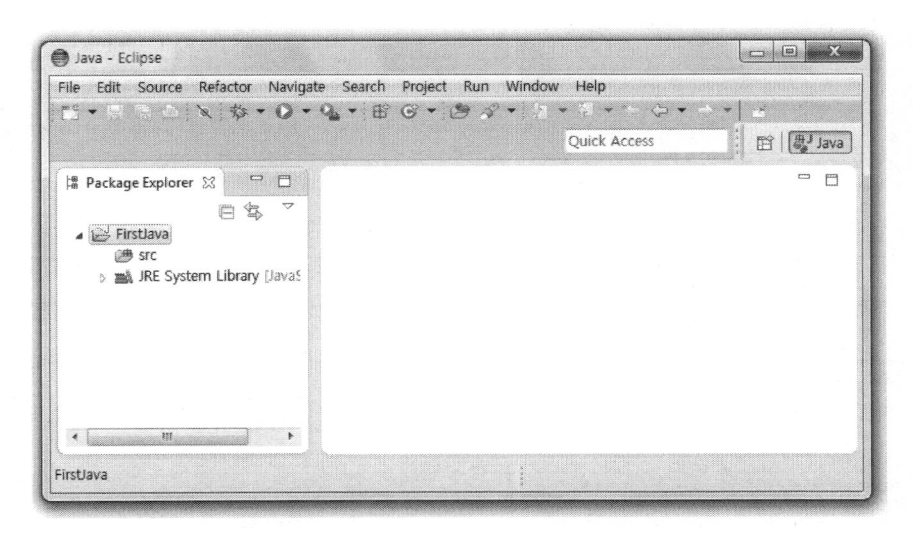

그림 16 _ 새 Java 프로젝트 생성 완료 화면

그림 16은 새로운 Java 프로젝트를 생성한 직후의 화면이다. 좌측의 패키지 익스플로러 화면을 보면, 이 전에는 공란이었던 곳에 앞에서 생성한 FirstJava라는 프로젝트가 보인다. 또한 이 FirstJava 프로젝트 아래 포함된 폴더나 파일들도 볼 수 있다. 방금 생성한 FirstJava라는 프로젝트는 워크스페이스 폴더 아래에 생성된다. 현재 생성된 프로젝트에는 실제 Java 소스 코드를 입력할 Java 파일은 존재하지 않으므로, Java 소스 코드를 입력하기 위한

파일을 추가해야 한다.

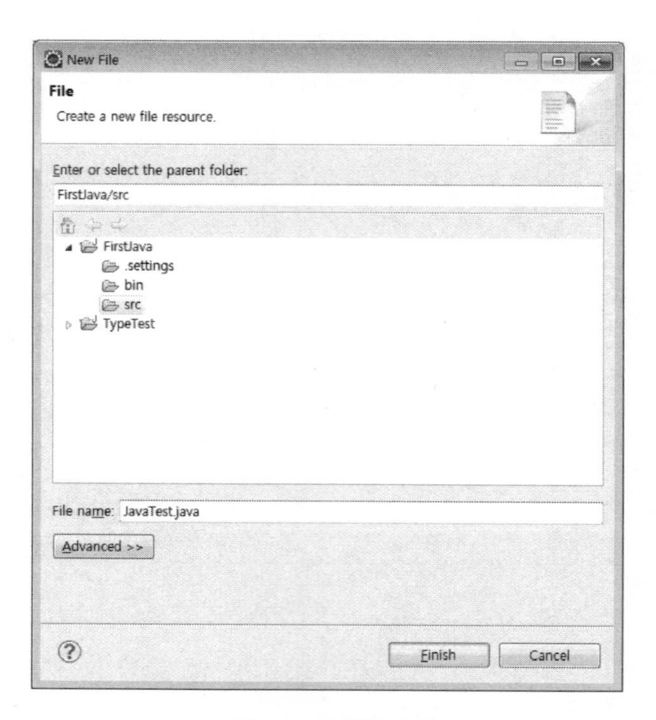

그림 17 _ 새 파일 추가

패키지 익스플로러의 FirstJava 프로젝트 아래의 src 항목을 마우스 우측 버튼으로 클릭한 후 [New -> File] 메뉴를 차례로 선택하면 그림 17과 같은 창이 나타난다. 이 창 아래의 File name 항목에 Java 소스 코드 입력을 위한 새로운 파일 이름을 입력한다. 파일 이름은 영문과 숫자나 _, $ 등을 사용할 수 있으며 한글은 사용하지 않도록 한다. 또한 파일 이름 중간에 공백을 넣어서도 안 된다. 향후에 학습할 public 형태의 클래스의 이름은 파일 이름과 동일해야 하는데 클래스 이름으로 한글이나 공백이 허용되지 않기 때문이다. 본 예에서는 새로운 파일 이름으로 'JavaTest.java'라는 이름을 사용한다. 파일 이름

뒤에 붙은 '.java' 확장자는 이 파일이 Java 소스 코드라는 것을 의미한다.

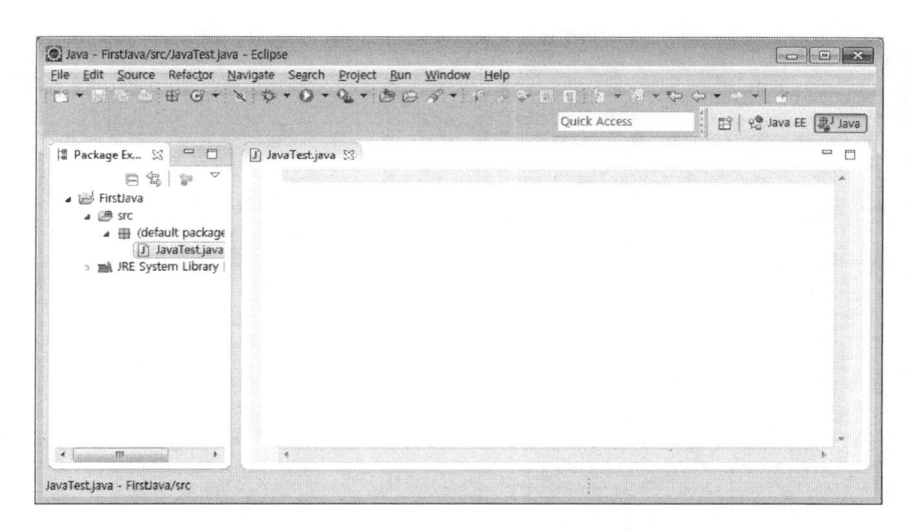

그림 18 _ 새로운 Java 파일이 추가된 화면

그림 18을 보면 좌측 패키지 익스플로러 창에 JavaTest.java라는 새로운 파일이 추가되어 있는 것을 볼 수 있다. 또한 우측 편집 창에는 JavaTest.java 파일이 편집할 수 있도록 준비되어 있다. 향후 원하는 파일을 클릭하면 우측 편집 창에 나타나며 편집을 할 수 있게 된다. 우측 편집창에 다음 소스코드 1과 같은 Java 샘플 코드를 입력해보자. 이 코드에 대한 자세한 설명은 추후에 진행된다. 현재는 샘플 코드를 통하여 이클립스가 Java를 실행시켜주는 전체 과정만을 이해하는 단계이니 정확히 입력만 해보도록 한다. 소스코드 1은 화면에 “Hello”라는 문자열을 출력하는 기능을 한다.

소스코드 1 **새 프로젝트에 입력해볼 Java 코드**

```
public class JavaTest
{
        public static void main(String args[])
        {
                System.out.println("Hello!");
        }
}
```

입력된 소스 코드에 에러가 없다면 화면에는 아무런 표시가 나타나지 않지만, 만약 입력 과정에서 에러가 있었다면 이클립스 화면에서 에러가 발생한 줄에 붉은 색 X 표가 나타난다. 이 X 표 위에 마우스를 위치시켜보면 에러에 대한 설명이 나타나므로 이를 참조하여 에러를 수정할 수 있다. 또한 이클립스는 Java 소스 코드의 들여쓰기(Indentation)을 자동으로 조절해주는 매우 편리한 기능을 제공한다. [Shift - Control - F] 단축 키를 함께 누르면 자동으로 들여쓰기가 조정된다.

소스 코드 1이 에러 없이 입력되었다면 이를 실행해보자. 좌측의 패키지 익스플로러 창에서 현재 진행 중인 프로젝트 이름, 즉 FirstJava를 선택한 후 상단의 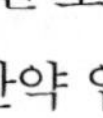 버튼을 누르면 입력된 Java 코드가 번역되어 실행된다. 상단에 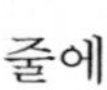 버튼이 보이지 않는다면 상단의 툴바가 보이지 않도록 설정되어 있기 때문이다. 이럴 때는 [Window -> Show -> Toolbar] 메뉴를 선택하면 툴바가 나타나도록 설정할 수 있다.

이 버튼을 눌러서 실행하는 방법 이외에도 프로젝트 이름인 FirstJava를 우측 마우스 버튼으로 누른 후 [Run As -> Java Application] 메뉴를 선택해서 실행해도 된다. 그림 19는 Java 코드가 실행된 화면이며, 하단을 보면 콘솔(Console) 창에 "Hello"라는 문자열이 출력되어 실행 결과가 나타난 것을 볼 수 있다. 이 콘솔창은 다음 번 실행 시에 다시 나타나므로, 실행 결과 확인 후 X 표를 눌러서 닫아 놓아도 된다.

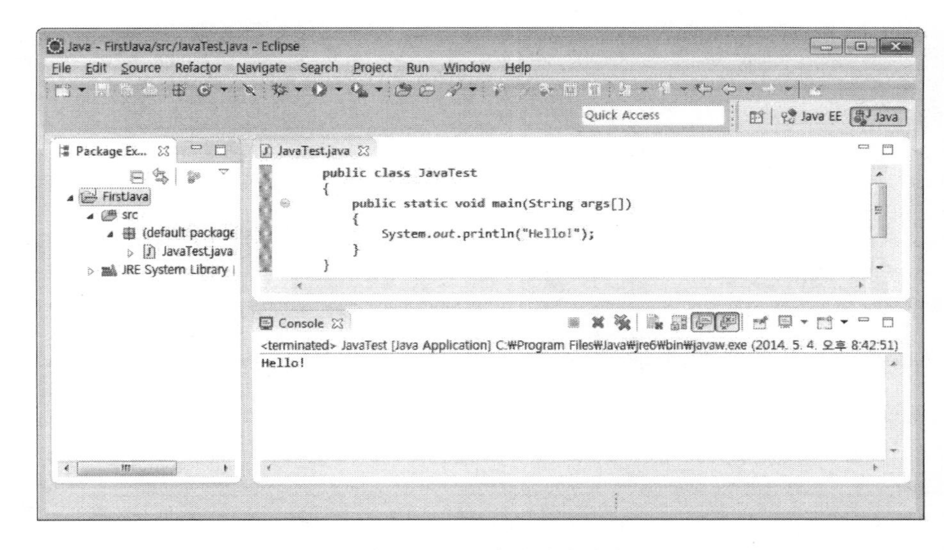

그림 19 _ Java가 실행된 화면

본 장에서는 Java 프로그래밍을 위한 환경을 구축하였다. 또한 샘플 프로젝트를 통하여 Java 소스 코드를 입력하고 실행하는 과정을 확인해보았다.

연 습 문 제

1. Java의 탄생 시기와 장점에 대해 정리해보자.

2. JDK를 사용하기 위한 환경 변수의 종류와 역할에 대하여 정리해보자.

3. Java와 썬마이크로시스템즈사와 오라클사와의 관계를 정리해보자.

4. 이클립스로 새로운 프로젝트를 만들고 화면에 "안녕하세요."라는 메시지가 출력되도록 코딩을 해보자.

5. JVM의 역할과 강점에 대하여 정리해보자.

JAVA

변수

2장
변수

 Java 프로그램의 형태

1장에서 이클립스에 대한 사용방법을 알아보면서 FirstJava라는 프로젝트를 만들었다. 이 프로젝트를 사용하여 Java에 대한 기본적인 코딩 연습을 진행할 것이다. 소스코드 2를 보자. Java의 프로그램 구조는 클래스라는 틀 안에 멤버 변수들과 메소드들이 존재하는 구조이다. 하지만 현재 시점에서는 클래스, 멤버 변수, 메소드 등에 대한 설명은 어렵다. 따라서 당분간은 소스코드 2 안의 "이 곳에 Java 연습용 코드를 입력"이라고 표시된 곳에 기본 적인 Java 코드를 입력해보며 Java의 기초를 이해하는 시간을 가질 것이다. 즉, 당분간은 main() 메소드 안에서만 Java 코드 실습을 하게 된다.

소스코드 2에서 눈여겨 볼 점들은 다음과 같다.

- main() 메소드라는 것에서 프로그램의 흐름이 시작된다.
- 대괄호 {와 }을 사용하여 특정 지역을 구분한다.
- System.out.println("Hello!");에서 볼 수 있듯이 한 문장이 끝나면 세미

콜론(;)을 사용하여 한 Java 문장이 끝났음을 표시한다.

- //를 사용할 경우 한 행에서 // 이후의 내용은 주석으로 간주된다. 주석은 Java의 기능과는 관계가 없으며, 사람의 이해를 위하여 기록하는 메모라고 생각하면 된다(주석이 여러 행일 경우에는, 주석 부분을 /*과 */으로 묶어주면 된다).
- public class 다음에 나오는 클래스 이름 JavaTest는 파일이름 JavaTest.java와 일치한다.

소스코드 2 **Java 프로그램의 기본 모양**

```
public class JavaTest
{
        public static void main(String args[])
        {
                // 이 곳에 Java 연습용 코드를 입력
                System.out.println("Hello!");
        }
}
```

메모리라는 이름의 호텔

메모리는 컴퓨터의 중요한 부품 중의 하나이다. 메모리는 바이트(byte)라는 방들이 일렬로 연결된 호텔 방에 비유할 수 있다. 만약 4GB 크기의 메모리를 사용한다면 약 40억 개의 방(바이트)들로 구성된 호텔을 연상하면 된다. 컴퓨터에서 실행되는 모든 프로그램은 이 메모리라는 호텔방을 빌려서 사용하고 반납하곤 하면서 실행된다. Java 프로그램도 실행 시에 자료를 처리하기 위해서는 자료를 저장할 방들을 메모리라는 호텔로부터 빌려서 사용해야 한다. 물론 사용이 끝나면 이 방들은 다시 반납된다.

본 장에서는 Java의 변수에 대한 설명이 진행된다. 변수는 메모리라는 호텔의 빈 방을 얻고, 얻어진 방에 자료를 저장하고, 다 사용한 후에는 다시 메모리를 반납하기 위한 절차를 따른다. Java 프로그램에서 변수를 선언하는 부분이 실행될 때 Java 프로그램에서는 자료를 저장할 변수 크기만큼의 빈 메모리 공간을 운영체제(예: 윈도우)에게 요청한다. 운영체제는 메모리를 조사하여 사용되고 있지 않는 빈 공간을 변수에게 할당해준다. 이는 마치 그림 20에서 호텔 프론트 데스크에서 관리자가 빈방을 조사하여 손님에게 제공해주는 것과 같은 형태이다. Java 프로그램에서는 변수에 자료를 저장하거나 처리하고, 변수의 사용이 끝나면 사용했던 메모리 공간은 다시 운영체제에 반납되어 다시 다른 프로그램에서 재사용할 수 있게 된다.

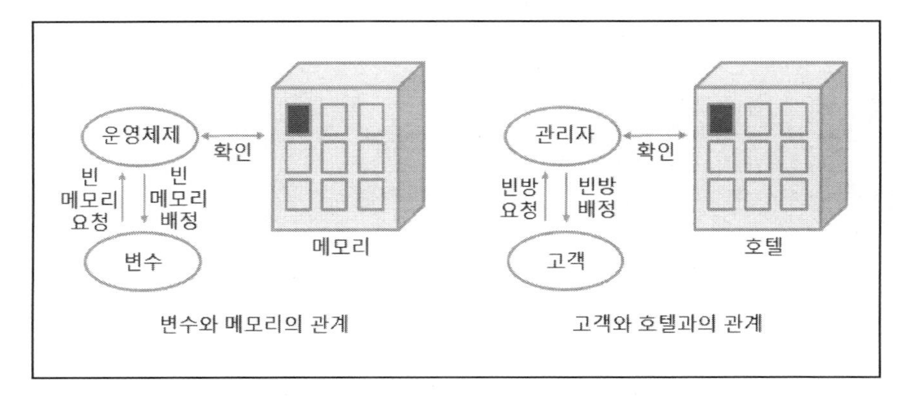

그림 20 _ 변수와 메모리와의 관계

 변수 선언 방법

Java에서는 4가지 종류의 변수가 제공되는데, 이에 대한 자세한 내용을 알아보기 전에 변수를 사용하는 형식을 먼저 알아보자. 변수의 선언은 변수에 저장할 자료형을 먼저 쓰고, 그 다음에 변수의 이름을 써서 이루어진다. 다음 예에서 int는 정수형을 의미하고, n은 변수 이름이 된다.

```
int n;
```

선언한 변수 n에 숫자 100을 넣는 예를 보자. 소스코드 3을 보면 정수형 변수 n이 선언되었고, 다음 행에서는 변수 n에 숫자 100을 넣었다. 정수형 변수 n이 선언된다는 것은 정수를 넣을 빈 메모리 공간을 얻는 작업이고, n에 100을 넣는 문장은 얻어진 메모리 공간에 100이라는 값이 저장됨을 의미한다. 그 다음 라인에서는 다시 변수 n에 200을 넣었다. 변수 n의 값은 100에서 200으로 변경된 것이다. 이렇게 변수의 값은 마음대로 변경될 수 있다. 그래서 변수(Variable)이라고 불린다.

소스코드 3 **변수에 값을 할당하기**

```
public class JavaTest
{
        public static void main(String args[])
        {
                int n;
                n = 100;
                n = 200;
        }
}
```

변수의 자료형

Java에서는 다음과 같이 정수형, 실수형, 문자형, 논리형의 4가지 종류의 자료형이 제공된다. 자료의 형이 서로 다른 이유는 표현되는 값의 특성별로 값을 메모리에 구성하는 방법이 다르기 때문이다. 또한 각 자료형 내에서 다시 크기가 다른 상세 자료형으로 구분이 된다. 정수형을 예로 들면 정수형은 byte, short, int, long 등과 같이 할당되는 바이트 크기별로 상세하게 구분된다. 다음 표는 자료형의 구분과 각 자료형에 할당되는 메모리의 크기를 보여준다.

자료형	크기별 상세 자료형	메모리 할당 크기
정수형	byte	1 바이트
	short	2 바이트
	int	4 바이트
	long	8 바이트
실수형	float	4 바이트
	double	8 바이트
문자형	char	2 바이트
논리형	boolean	1 바이트

정수형

정수형 변수에는 소수점이 없는 양과 음의 수와 0을 저장할 수 있다. 예를 들면 100, 3200, -10, -55, 0 등이 정수의 예이다. 메모리는 byte(바이트)라는 크기의 방이 일렬로 늘어서 있는 형태로 구성된다. 한 byte는 8개의 bit로 이루어진다. 그러므로 한 byte로 표현할 수 있는 가지 수는 2의 8승인 256개이다.

양의 정수만 다룬다면 256가지의 수의 범위로 0에서 255까지의 숫자 표현이 가능하다. 하지만 양과 음의 수를 모두 표현해야 하므로 표현할 수 있는 수의 크기는 반으로 줄어든다. 또 0을 표현해야 하므로 표현할 수 있는 경우의 수가 한 개 더 줄어든다. 결론적으로 Java에서 한 byte로 표현 가능한 수의 범위는 -128부터 127까지가 된다. byte형 변수에 이 범위를 벗어나는 수를 넣는 것은 에러를 발생시킨다. 이런 원리로 정수형의 세부 형별로 표현 가능한 수의 범위는 다음과 같이 구분된다.

정수의 크기별 상세 자료형	메모리 할당 크기	수의 표현 범위
byte	1 바이트	−128 ~ 127
short	2 바이트	−32,768 ~ 32,767
int	4 바이트	−2,147,483,648 ~ 2,147,483,647
long	8 바이트	−9,223,372,036,854,775,808 ~ 9,223,372,036,854,775,807

실수형

실수형은 정수형과는 값이 저장되는 방식이 다르다. 실수형은 정수와는 달리 가수부와 지수부라는 형태로 구분되어 저장되어 2.567×10^8과 같은 의미의 저장 형태를 가진다. 크기별 수의 표현 범위는 다음과 같다. 수의 표현 범위가 10의 지수 방식으로 표현되어 좀 복잡해 보이기는 하나 일반적인 경우 이 정도 한계치까지 고려하며 실수를 사용할 일은 적다. 그냥 소수점이 있는 수를 위하여 float와 double 형이 사용된다고 이해해두면 될 것이다.

실수의 크기별 상세 자료형	메모리 할당 크기	수의 표현 범위
float	4 바이트	1.4E−45 ~ 3.4028235E38
double	8 바이트	4.9E−324 ~ 1.7976931348623157E308

문자형

char형은 한 문자를 표현하는 변수형이다. 예를 들어 'A'나 'b'와 같은 문자나 '#'나 '$'와 같은 기호들이 char 형의 저장 대상이 된다. 한편 '한'이나 '글'과 같은 한글 문자도 char 형의 변수에 저장될 수 있다. 눈여겨 볼 점은 char 형은 2byte 크기를 갖는다는 점이다. 그 이유는 전 세계의 문자를 표현할 수 있는 코드 형태인 유니코드(Unicode)를 사용하기 때문이다. 유니코드는 국제표준으로 제정된 만국 공통의 국제 문자부호 체계이며 한 문자당 2byte를 할당하고 있다.

실수의 크기별 상세 변수형	메모리 할당 크기	표현 범위
char	2 바이트	유니코드 문자집합

논리형(boolean 형)

마지막으로 boolean형은 true(참) 값과 false(거짓)의 단 2개의 값만 가지는 자료형이다. 이 변수형은 true와 false 값 두 개의 구분만 가능하면 되므로 1byte 크기를 갖는다. 숫자나 문자 대신 true와 false라는 값을 입력받는다.

실수의 크기별 상세 변수형	메모리 할당 크기	표현 범위
boolean	1 바이트	true 혹은 false

변수 사용 연습

Java에서 제공되는 자료형에 따른 변수의 사용 예를 살펴보자. 먼저 수의 계산에서 가장 일반적으로 사용되는 정수형 변수를 사용해보자. 변수의 이름은 알파벳 대소문자, 숫자, _, $ 등을 혼합하여 사용하여 만들 수 있다. 한글로도 사용할 수 있다. 변수 이름 중간에 공백은 허용이 안 된다. 관례상 변수의 이름은 소문자로 시작한다. 그 후에는 각 단어의 첫 글자는 대문자를 사용하여 구문한다. 예를 들면 scoreMathExam과 같다. 변수를 선언할 때는 다음과 같이 변수의 형을 앞에 쓰고 선언하고자 하는 변수의 이름을 그 다음에 쓴다. 이렇게 선언함으로써 정수형 값을 저장할 수 있는 변수 a가 탄생한다.

```
int a;    // 정수형 변수 a를 선언
```

소스코드 4를 보면 변수를 선언하고 사용하는 몇 가지 형태를 볼 수 있다. 변수를 선언할 때는 변수의 이름만 선언하는 방법과 선언을 하며 동시에 그 변수에 값을 넣을 수 있는 방법이 있다. 7행에서는 변수 b의 경우에는 선언과 동시에 정수 100을 초기 값으로 할당받고 있다.

변수에 값을 넣을 때는 배정 연산자 '='를 사용한다. 이 기호는 우측의 값을 좌측에 있는 변수에 배정한다는 의미이다. 본 장에서는 변수 사용 예를 위하여 간단한 연산자들만 사용해볼 것이다. 연산자의 자세한 설명은 3장에서 이루어진다. 11~12행에서 변수 a에는 20을 변수 b에는 -30을 배정하고 있다. 13행에서 변수 sum에 a + b의 값을 배정하는 것과 같이 계산을 통해 얻어지는 값도 변수에 배정할 수 있다. 14행에서는 우측에서 totalCount의 변수 값에 1을 더하여 다시 totalCount에 배정하였다. 결과적으로 totalCount는 1이 증가된 효과가 발생하였다.

소스코드 4 **정수형 변수에 값 배정하기**

```
 1 : public class JavaTest
 2 : {
 3 :     public static void main(String args[])
 4 :     {
 5 :         // 정수형 변수 선언 방법
 6 :         int a;            // 변수만 선언
 7 :         int b = 100;      // 변수를 선언하면서 값을 할당
 8 :         int sum, totalCount = 0, disk_Number, job77;
 9 :
10 :         // 변수 사용 예
11 :         a = 20;
12 :         b = -30;
13 :         sum = a + b;
14 :         totalCount = totalCount + 1;
15 :     }
16 : }
```

실수형 변수를 사용하는 예를 살펴보자. 실수형 변수의 경우에도 변수의 이름을 만드는 규칙은 동일하다. 또한 변수를 선언하는 방법과 사용하는 방법도 정수형 변수와 다르지 않다. 단, 실수형 변수에 저장되는 실수의 표현 방식만 조금 다를 뿐이다. 다음 예를 보면 pi라는 실수형 변수에 3.14라는 값을 배정하였다. 왜 3.14라고 쓰지 않고 3.14f라고 표기를 했을까? 3.14f는 double 형이 아닌 float 형의 크기의 수라는 것을 명시적으로 표시를 하는 것이다. 만약 3.14d라고 쓴다면 이 3.14는 double형 수의 범위를 가지는 실수라는 것을 의미한다.

```
float pi = 3.14f;
```

소스코드 5를 보면 5행에는 float형 변수가 선언되었고, 6행에는 double형 변수가 선언되었다. 6행에서 변수 distance는 선언과 동시에 230.987d라는 double형 실수가 배정되었다. 8행에서는 변수 pi에 float형 실수 3.14f를 배정한 것을 볼 수 있다. 9행을 보면 단일 값만 배정할 수 있는 것이 아니고 계산을 통해서 얻어진 값을 실수형 변수에도 배정할 수 있음을 알 수 있다.

소스코드 5 **실수형 변수에 값 배정하기**

```
 1 : public class JavaTest
 2 : {
 3 :     public static void main(String args[])
 4 :     {
 5 :           float pi, len;
 6 :           double distance = 230.987d;
 7 :
 8 :           pi = 3.14f;
 9 :           len = 3.14f * 100.0f;
10 :     }
11 : }
```

문자형 변수에 값을 배정하는 방법을 알아보자. Java에서 문자에 해당하는 것은 알파벳 대소문자, 한글, 숫자, 특수 기호 등이다. 여기에서 숫자는 수적인 값을 가지는 숫자가 아닌 숫자 모양을 한 문자에 해당한다. 즉, '3'이라는 문자는 숫자 3을 의미하는 것이 아닌 3의 모양을 한 출력용 문자인 것이다. 문자형 변수도 변수의 이름을 구성하는 방법은 앞에서 살펴본 정수형이나 실수형과 동일하다.

소스코드 6에는 여러 개의 char형 변수가 선언되어 있다. 5행에서는 변수 alpha에 대문자 알파벳 'A'를 넣었다. 6행에서는 변수 han에 한글 '한' 자를 넣었다. 7행에서는 변수 digit에 숫자 문자 '7'을 넣었다. 8행에서는 변수 special에 특수 문자 '$'를 넣었다. 11행을 보면 정수형 변수나 실수형 변수에서와 같이 char형 변수간에도 값을 전달할 수 있음을 알 수 있다. 11행에서는 변수 han에 저장되어 있는 한글 '한'이 char형 변수 temp로 배정되는 기능이 이루어진다. 추가적으로 알아둘 점은 char형에는 딱 한 자의 문자만 배정할 수 있다는 점이다. 여러 문자로 구성된 문자열을 처리하는 방법은 본 장의 후반에서 설명된다.

소스코드 6 **문자형 변수에 값 배정하기**

```
 1 : public class JavaTest
 2 : {
 3 :     public static void main(String args[])
 4 :     {
 5 :             char alpha = 'A';
 6 :             char han = '한';
 7 :             char digit = '7';
 8 :             char special = '$';
 9 :             char temp;
10 :
11 :             temp = han;
12 :     }
13 : }
```

마지막으로 논리형 변수를 사용하는 방법을 알아보자. 논리형인 boolean형으로 선언된 변수는 true나 false의 두 가지 값만 가질 수 있다. boolean형 변수는 4장에서 설명되는 조건문에서 사용되어 논리적인 처리를 효과적으로 할 수 있도록 해준다. boolean형에서도 변수 이름을 만드는 규칙은 앞에서 살펴본 바와 동일하다.

소스코드 7을 보면 5행에서는 fact라는 boolean형 변수를 선언만 하였고, 6행에서는 boolean형 변수 flag을 선언하면서 true 값을 배정하였다. 8행에서는 변수 fact에 flag의 값을 배정함으로써 fact의 값 역시 true로 만들었다.

소스코드 7 **boolean형 변수에 값 배정하기**

```
 1 : public class JavaTest
 2 : {
 3 :     public static void main(String args[])
 4 :     {
 5 :             boolean fact;
 6 :             boolean flag = true;
 7 :
 8 :             fact = flag;
 9 :     }
10 : }
```

지금까지 정수형, 실수형, 문자형, 논리형 변수들 각각에 대하여 선언 방법과 사용 방법을 알아보았다. 변수의 형에 따라서 변수에 배정되는 값의 특성만 다를 뿐 변수의 이름을 정하는 규칙이나 사용하는 방식은 동일하다는 것을 알 수 있다.

println을 사용한 출력

Java에서 화면에 값을 출력하는 방법을 알아보자. 1장에서 이클립스로 프로젝트를 만드는 방법을 사용한 부분의 예제를 보면 System.out.println("Hello!");라는 구문이 있었다. 이 구문은 화면에 "Hello!"라는 문자열을 출력해준다. 앞으로 Java 프로그램의 결과를 확인하기 위하여 계속 이 출력문을 사용할 것이다. println 앞에 붙은 System.out은 내장 클래스와 정적 필드인데, 지금은 화면에 무엇인가 출력할 것이 있을 때 System.out.println() 구문의 괄호 안에 출력하고자 하는 값이나 변수들을 나열하면 된다는 정도로 이해 해두자. 단, 이 괄호 안에 출력하고자 하는 값을 배치하는 방법은 알아둘 필요가 있다.

System.out.println()을 사용하는 가장 간단한 방법은 괄호 안에 단일 값을 넣는 것이다. 예를 들어 다음 구문은 화면에 2014라는 숫자를 출력한다.

```
System.out.println(2014);
```

다음 구문은 화면에 "대한민국"이라는 문자열을 출력한다.

```
System.out.prinln("대한민국");
```

이제 이 두 가지 출력 내용을 합쳐보자. 다음과 같이 괄호 안에 출력하고자 하는 값을 2개 이상 넣을 수 있다. 이 때 값들 간의 구분은 '+' 기호를 사용한다.

```
System.out.println(2014 + "대한민국");
```

위 구문에 의하여 화면에는 다음과 같은 값이 출력된다.

```
2014대한민국
```

2014와 "대한민국" 사이에 공백을 넣고 싶으면 어떻게 하면 될까? 가장 손쉬운 방법은 "대한민국" 문자열 앞에 " 대한민국"과 같이 공백을 넣어주면 된다. 다음 예를 보자.

```
System.out.println(2014 + " 대한민국");
```

이렇게 System.out.println()을 사용하면 다양한 값을 원하는 형태로 출력할 수 있어서 Java 프로그램의 실행 결과를 알아보는데 매우 편리하다. 앞에서 학습한 변수를 System.out.println()과 함께 사용해보자. 소스코드 8에서는 변수들의 값을 화면에 출력하는 다양한 형태의 예를 볼 수 있다. 소스코드 8의 출력 결과는 다음과 같다.

```
정수의 값은 100입니다.
실수의 값은 3.14입니다.
문자의 값은 K입니다.
논리의 값은 false입니다.
100 3.14 K false
```

12~15행을 보면 앞에서 설명한 바와 같이 '+' 기호를 사용하여 변수와 문자열을 합쳐서 출력하고 있음을 볼 수 있다. 각 행별로 변수만 다를 뿐 출력 형태

는 모두 동일하다. 18행에서는 별도의 문자열 없이 네 개의 변수 값만 출력하였다. 단, 중간에 공백이 없으면 변수들의 값이 붙어서 출력되어 알아보기가 어렵기 때문에 변수 사이마다 빈 문자열 " "을 추가하여 출력되는 변수들의 값 사이에 공백을 하나씩 넣어주었다. 이렇게 System.out.println()을 사용하여 변수들의 값들을 출력해보고 프로그램의 실행 결과를 판단해볼 수 있다. 이 이외에도 Java에서는 다양한 입출력 방법들을 제공하고 있는데, 이에 대해서는 12장에서 설명이 이루어진다.

소스코드 8 **변수의 사용과 결과 출력**

```
 1 : public class JavaTest
 2 : {
 3 :     public static void main(String args[])
 4 :     {
 5 :             // 변수 선언 및 값 배정
 6 :             int num = 100;
 7 :             float pi = 3.14f;
 8 :             char text = 'K';
 9 :             boolean flag = false;
10 :
11 :             // 문자열과 함께 변수의 값을 출력
12 :             System.out.println("정수의 값은 " + num + "입니다.");
13 :             System.out.println("실수의 값은 " + pi + "입니다.");
14 :             System.out.println("문자의 값은 " + text + "입니다.");
15 :             System.out.println("논리의 값은 " + flag + "입니다.");
16 :
17 :             // 여러 변수들의 값을 함께 출력
18 :             System.out.println(num + " " + pi + " " + text + " " + flag);
19 :     }
20 : }
```

 String과 문자열

Java에서는 정수형, 실수형, 문자형, 논리형 4 가지의 기본 자료형을 제공한다. 한편 기본 자료형만을 사용하여 여러 개의 문자로 이루어진 문자열을 처리하기는 쉽지 않다. 예를 들어서 "홍길동"이라는 문자열을 기본 자료형인 char로 처리하려면 각 글자마다 처리를 해야 하므로 어려움이 따른다. 그래서 Java에서는 문자열을 쉽게 처리할 수 있는 String이라는 클래스를 제공한다. 클래스에 대해서는 8장에서 설명되므로 현 시점에서 String을 클래스의 관점으로 설명하기는 어렵다. 하지만 String 클래스는 문자열 처리의 기본이 되므로 간단한 사용 방법을 살펴보기로 한다.

String은 클래스지만 변수의 자료형과 사용 방법이 거의 유사하다. 다음과 같이 선언하고 문자열을 배정하고 출력할 수 있다.

```
String name;
name = "홍길동";
System.out.println( name );
```

다음과 같이 '+' 기호를 사용하여 문자열을 합치는 연산도 가능하다. 다음 코드의 출력 결과는 "홍길동선생님"이 된다.

```
String name, title;
name = "홍길동";
title = "선생님";
name = name + title;
System.out.println( name );
```

형 변환(Type Casting)

지금까지 Java에서 제공하는 자료형별로 변수의 표현 범위, 사용 방법 등을 살펴보았다. 한편, 변수형을 결정할 때는 처리하고자 하는 데이터의 형태와 크기를 고려할 필요가 있다. 예를 들어서 byte 정수형은 -128~127 사이의 정수를 저장할 수 있다. 그러므로 다음과 같은 경우는 Java에서 허용하지 않는다. 이런 시도를 할 경우 이클립스에서는 에러를 출력한다. 처리할 수 없는 범위의 값을 바이트형 정수에 배정하려고 시도를 했기 때문이다.

```
byte n = 200;
```

그렇다면 다음과 같은 경우에는 정상적인 Java 코드로 인정될지 생각해보자. 위에서 200의 경우에는 byte형이 처리할 수 있는 수의 범위를 넘어서므로 에러가 발생했지만, 다음 코드에서는 int형 변수 m에 100을 배정했고, n에는 m을 배정하였다. m의 값은 100이기 때문에 결국은 변수 n에 100을 배정하고자 하는 코드가 된다. 하지만 이 경우 역시 에러가 발생한다. 100은 분명히 byte형이 처리할 수 있는 수의 범위 내에 있는 값인데, 이상하지 않은가?

```
int m = 100;
byte n = m;
```

Java는 프로그래머의 실수를 미연에 방지하기 위하여 변수의 형에 대한 검사를 엄격하게 수행한다. 위의 예에서 비록 변수 m에 100이라는 값이 배정되어 있기는 하지만, m은 엄연히 int형 변수로서 byte보다는 큰 수를 가질 수 있다. 그러므로 n = m; 부분의 코드에서 잠재적으로 byte형보다 더 큰 수를

byte형 변수에 배정할 지도 모르는 위험이 존재한다. 이럴 경우 값의 유실이나 의도하지 않은 값으로의 변형이 발생할 수 있다. 이런 이유로 Java에서는 이와 같은 코드를 허용하지 않는다.

이런 상황 하에서도 꼭 위와 같은 코드를 구현할 일이 발생한다고 가정을 해보자. 예를 들면 m이 int형 변수이지만 이 변수에는 byte형으로 처리 가능한 100이라는 수가 들어 있고, 이를 꼭 byte형 변수 n에 배정할 일이 있다고 가정해보자. 이런 경우 형 변환(Type Casting)이라는 기능을 사용할 수 있다. 다음 예에서는 int형 변수 m을 byte형 변수 n에 배정할 때 m 앞에 (byte)라는 구문을 넣었다. 이는 우측 값, 즉 m을 byte형의 수로 변형하여 사용하겠다는 의미이다. 따라서 int형 변수 m에 int형 16비트 정수로 표현되었던 100이라는 숫자는 (byte) 구문에 의하여 byte형의 8비트 정수로 변환된다. 이 값을 n에 배정하게 되므로 이 경우 Java는 에러로 간주하지 않게 된다. 이렇게 프로그래머가 명시적으로 데이터의 형을 새로운 형으로 전환하는 일을 형 변환이라고 부른다. 형 변환은 아래 예와 같이 형을 변환하고자 하는 수나 변수의 좌측에 괄호와 함께 새롭게 변환시킬 형의 이름을 써주면 된다.

```
int m = 100;
byte n = (byte) m;
```

한편, 다음과 같은 코드에서는 에러가 발생하지 않으며 별도의 형 변환도 필요가 없다. byte형 변수 m의 값을 int형 변수 n에 배정할 때는 n이 m보다 표현 범위가 크므로 수가 유실되거나 변형될 위험이 없기 때문이다. 이때 내부적으로는 byte형 값이 int형 값으로 자동 변환이 발생하므로 이런 경우를 묵시적인 형변환이라고 부른다.

```
byte m = 100;
int n = m;
```

형 변환은 다른 형 간에도 적용할 수 있다. 다음은 float형 변수 r에 저장되어 있는 값을 정수형 변수 n에 형 변환을 통해 배정하는 예이다. 비록 100.0이라는 작은 값이 r에 들어있더라도 float로 표현 가능한 범위가 int형보다 더 크기 때문에 형 변환을 하지 않을 경우 Java는 에러로 간주한다. 따라서 형 변환이 필요하다.

```
float r = 100.0f;
int n = (int) r;
```

 범위 규칙(Scoping Rule)

본 장의 앞부분에서 변수를 선언할 때 빈 메모리 영역을 할당받는 과정은 호텔의 빈 방을 얻는 경우와 유사하다고 설명했었다. 호텔에서 방을 합법적으로 사용할 수 있는 기간은 사용하기로 예약한 기간까지 혹은 돈을 지불한 기간까지이다. 그 기간이 지나면 그 방은 다시 빈방으로 등록되고 다음에 필요한 고객에게 다시 배정된다. 호텔의 예에서와 마찬가지로 변수에서도 메모리를 할당받아 사용할 수 있는 기간이 존재한다. 이 기간이 지나면 그 변수가 사용했던 메모리 영역은 다시 반납되어 빈 메모리로 간주된다. 이를 다른 말로 표현하면 변수의 유효 기간이라고도 할 수 있다. 범위 규칙(Scoping Rule)은 이런 예에서와 같이 변수의 유효한 영역을 정하는 규칙이다. 대괄호 {와 }의 포함 관계를 잘 살펴보면 범위 규칙을 쉽게 이해할 수 있다.

다음의 예에서 변수 n에 배정된 수 100이 화면에 출력될까? 답은 No이다. 변수 n은 대괄호 {와 } 사이에서만 탄생했다가 사라지기 때문이다. 즉, 변수 n은 대괄호 내에서만 유효한 변수이다. 변수 n은 대괄호가 시작된 후 int n = 100; 구분에 의하여 메모리의 영역을 할당 받아 메모리라는 호텔 방을 사용하게 된다. 또 그 안에 100이라는 값을 저장할 수도 있다. 하지만 변수 n이 속한 영역의 대괄호가 끝나는 시점에 n은 방, 즉 할당받았던 메모리 영역을 반납하고 사라진다. 따라서 대괄호가 포함하는 영역 밖에서는 n이라는 변수는 존재하지 않는다. 다른 말로는 유효하지 않다고도 할 수 있다. 유효하지 않은 변수를 System.out.println(n) 구문에서 출력하려고 했기 때문에 이 행에서 에러가 발생한다.

```
{
   int n = 100;
}
System.out.println(n);
```

다음 예에서는 변수 n이 두 번 나타난다. 앞의 n에는 100이 배정되었고, 뒤의 n에는 200이 배정되었다. 그렇다면 n의 값은 100인가? 200인가? 답은 둘 다이다. 이 두 변수 n은 서로 이름만 같은 동명이인일 뿐 서로 다른 호텔방, 즉 메모리 영역을 사용하는 타인이다. 앞의 대 괄호 내에서 변수 n은 메모리를 할당받아 그 안에 100을 저장하고, 그 값을 출력한다. 앞의 대괄호 영역이 끝날 때 n은 사용하던 메모리 영역을 반납하고 사라진다. 그 후 두 번째 대괄호가 시작되면 또 다른 n에 메모리의 빈 영역을 할당받고, 그 영역에 200을 저장하고 그 값을 출력한다. 이 n 역시 두 번째 대괄호 영역이 끝나는 순간 사용했던 메모리 영역을 반납하고 사라진다. 이렇게 두 변수 n은 탄생하고 소멸된다. 범위 규칙에 의해 변수들은 유효한 영역에서만 사용될 수 있다. 해당 영역 밖에서는 존재 자체가 없다고 이해하면 된다.

```
{
    int n = 100;
    System.out.println(n);
}

{
    int n = 200;
    System.out.println(n);
}
```

다음과 같은 예에서는 어떤 일이 벌어질까? 동일한 영역 내에서 동일한 이름의 변수를 두 번 선언하였다. Java에서는 이렇게 같은 영역 내에서 서로 다른 변수에 대하여 동일한 이름을 허용하지 않는다. 따라서 다음 코드에서는 에러가 발생한다.

```
{
    int n = 200;
    int n = 300;
    System.out.println(n);
}
```

Java에서 대괄호로 묶이는 영역이 다른 대괄호 안에 포함될 수 있다. 다음 예에서 앞쪽에 위치한 두 개의 n은 대괄호 안의 영역 내에서 다시 대괄호 안에 위치해 있다. 세 번째 n은 두 개의 대괄호 영역을 벗어나서 새로 대괄호가 시작된 영역 내에 있다. 다음 예에서 나타난 세 개의 n은 모두 다른 영역에 위치하는 별개의 변수들이다.

```
{
    {
        int n = 100;
        System.out.println(n);
    }
    {
        int n = 200;
        System.out.println(n);
    }
}
{
    int n = 300;
    System.out.println(n);
}
```

들여쓰기(Indentation)

지금까지 프로그램 예에서 보아왔듯이 Java 코드가 시작하는 열(column)은 행(line)마다 일정하지 않다. 이를 들여쓰기라고 부른다. 들여쓰기는 Java 코드 간의 포함 관계를 쉽게 알 수게 해준다. 들여쓰기가 적용되지 않은 코드는 읽고 이해하기가 매우 난해하므로, 들여쓰기는 프로그래밍의 필수 요소이다. 아직 살펴본 내용은 아니지만 4장에서 학습할 내용 중 if 조건문이 있다. if에 대한 자세한 설명은 4장에서 하는 것으로 하고, 본 장에서는 들여쓰기를 적용하는 방법을 살펴본다.

다음 예를 보면 if 구문에 포함된 영역이 대괄호 {와 }로 묶여져 있는 것이 보인다. 이 대괄호 안에 위치한 두 구문 a = 10;과 System.out.println(b);는 if 구문에 포함된 구문들이다. 부모 자식 관계에 비유하면 포함 관계를 쉽게 이해할 수 있다. 이 경우 자식에 해당하는 두 구문 a = 10;과 System.out. println(b);는 if 보다는 들여 써주어 포함관계가 쉽게 눈에 들어오도록 하고 있다.

```
if ( a  > b)
{
    a = 10;
    System.out.println(b);
}
```

조금 더 자세한 예를 보자. 아래 코드에서는 if 구문 내에 또 다시 if 구문이 포함되어 있다. 첫 번째 if 구문 내에 포함되어 있는 구문들은 일차적으로 들여쓰기가 이루어졌으며, 그 안에 다시 나타난 if 구문에 포함되어 있는 System.out.println("b는 음수");에는 다시 한 번 들여쓰기가 이루어졌다. 이렇게 Java에서는 포함관계가 나타날 때마다 들여쓰기가 적용되어 코드들의 전체적인 포함 관계를 한 눈에 이해할 수 있도록 하고 있다. 들여쓰기를 하지 않으면 Java 코드의 실행이 불가능할까? 실행은 가능하다. 하지만 사람이 읽고 이해하기에는 매우 어려운 코드가 될 것이다.

```
if ( a  > b)
{
    a = 10;
    System.out.println(b);
    if (b < 0)
    {
        System.out.println("b는 음수 “ );
    }
}
```

Java 프로그래밍을 처음 시작할 때는 들여쓰기가 눈에 잘 들어오지 않는다. 이클립스에서는 들여쓰기를 위하여 매우 편리한 기능을 제공한다. 언제라도 [Control - Shift - F] 키를 누르면 이클립스가 Java 코드 전체에 대하여 들여쓰기를 자동으로 처리해준다. 코드가 복잡해졌을 경우 이 기능을 이해하면 편리할 것이다. 하지만 이 도움을 받는 것보다는 스스로 코드의 포함관계를 의식하고 들여쓰기를 해주는 것이 현명한 코딩 습관일 것이다.

연 습 문 제

1. 다음과 같이 0으로 초기화되어 있는 n이라는 정수형 변수가 있을 때, 이 변수의 값을 계속 1씩 증가시키면 음수로 변하는 시점은 언제이며, 최초의 음수는 어떤 값을 가지는 지 설명해본다.

```
int n = 0;
```

2. 다음과 같은 연산을 하였을 때 sum이 가지는 최종 값은 무엇이며, 그 이유는 무엇인가?

```
int sum = 0

sum = sum + 1;

sum = sum + 1/2;
```

3. Java의 정수나 실수형 자료형에서 한 가지 타입만을 지원하지 않고 메모리의 크기에 따라서 여러 가지 수의 범위를 가지는 자료형을 지원하는 이유는 무엇인가?

4. 묵시적 형변환과 명시적 형변환의 차이는 무엇인가?

5. Java의 문자형에 사용되는 유니코드에 대하여 조사해보자.

JAVA

연산자

3장
연산자

연산자와 CPU

CPU는 Central Processing Unit의 약자로서 우리말로는 중앙처리장치라고 한다. 이름은 거창하지만 우리가 사용하는 PC나 노트북과 같은 컴퓨터는 물론 스마트 폰과 패드 내에도 존재하는 일상적인 부품이다. 2장에서 살펴본 변수는 CPU보다는 메모리와 관련되어 설명이 이루어졌었다. 이번 장에서 설명되는 연산자는 CPU에게 일을 시키기 위한 명령들이라고 할 수 있다. 연산자 역시 이름은 좀 딱딱하게 들리지만 수학에서 사용되는 덧셈, 뺄셈, 곱셈, 나눗셈과 같은 계산을 의미한다고 생각하면 쉽게 이해된다.

수학에서의 연산자와는 달리 Java의 연산자는 몇 가지 종류를 더 포함한다. Java에서는 수의 계산을 위한 산술 연산자, 1만큼의 증가와 감소를 쉽게 처리하는 증감 연산자, 값을 변수에 배정하는 대입 연산자, 값의 크기를 비교하는 비교 연산자, 참과 거짓을 계산하는 논리 연산자, 조건문의 일종인 3항 연산자, 비트 단위의 계산을 처리하는 비트 연산자, 비트를 이동시키는 시프트 연산자 등을 제공한다. 기능에 따른 분류를 통하여 연산자의 사용법을 이해해 보도록 한다.

산술 연산자

산술 연산자는 수학에서 수의 계산을 위해 사용하는 연산자와 거의 유사하므로 친근하게 접근할 수 있는 연산자이다. 산술 연산자의 종류는 다음과 같다. 수학에서의 사칙연산 표현과 다른 점은 곱하기가 *로 표시된다는 점과 나누기가 /로 표시된다는 점이다. Java에서는 수학의 사칙연산에는 없는 연산자인 %가 하나 더 제공된다. 이는 정수 나눗셈에서 나머지 값을 구해주는 연산자이다. 예를 들어 15를 6으로 나눌 경우 몫은 2이고 나머지는3이다. 따라서 15%6의 결과 값은 나머지에 해당하는 3이 된다. % 연산자는 단순히 나머지 값만을 구하기 위해 사용되는 것은 아니고 수의 범위 조절이나 특정 자릿수의 숫자 구하기 등 다양한 목적으로 매우 유용하게 사용되는 연산자이다.

```
+ : 더하기
- : 빼기
* : 곱하기
/ : 나누기
% : 정수 나눗셈의 나머지 구하기
```

산술 연산자는 수학의 사칙 연산과 매우 유사하므로 다음과 같은 예를 통하여 사용 방법을 쉽게 이해할 수 있다. 소스코드 9에서는 변수 a와 b에 대하여 산술 연산자 5개를 적용하여 변수 c, d, e, f, g에 그 결과를 저장하고 있다. 12~16행에서 출력되는 결과는 다음과 같다. 각 결과에 적용된 산술 연산자를 확인해보면 출력된 결과 값이 나온 이유를 이해할 수 있을 것이다.

```
85
65
750
7
5
```

소스코드 9 **산술 연산자 사용 예**

```
 1 : public class JavaTest {
 2 :     public static void main(String args[]) {
 3 :             int a = 75, b = 10;
 4 :             int c, d, e, f, g;
 5 :
 6 :             c = a + b;
 7 :             d = a - b;
 8 :             e = a * b;
 9 :             f = a / b;
10 :             g = a % b;
11 :
12 :             System.out.println(c);
13 :             System.out.println(d);
14 :             System.out.println(e);
15 :             System.out.println(f);
16 :             System.out.println(g);
17 :     }
18 : }
```

증감 연산자

증감연산자는 변수의 값을 1만큼 증가하거나 감소시키는 연산자이다. 수를 더하거나 뺀다는 개념에서는 산술연산자와 유사할 수도 있으나, 증감 연산자는 변수 하나를 대상으로 한다는 점에서 차이가 있다. 먼저 다음의 경우를 생각해보자. n에 1을 더한 값을 다시 n에 넣음으로써, 결과적으로는 변수 n의 값을 1 증가시키는 결과를 가져온다.

```
n = n + 1;
```

이렇게 어떤 변수의 값을 1 증가시키는 연산은 프로그래밍에서 매우 자주 사용되는 연산이다. 그러므로 위와 같이 매번 n을 중복하여 사용하지 않고 다음과 같이 ++라는 증감연산자를 사용하여 편리하게 1만큼 증가시키는 연산을 수행할 수 있다. 다음 코드에서는 n++; 연산에 의하여 n의 값은 11로 변경된다.

```
n = 10;
n++;
```

또한 --라는 증감 연산자를 사용하여 변수의 값을 1만큼 감소시킬 수도 있다. 다음 예에서 n의 값은 n--; 연산에 의하여 9로 변경된다.

```
n = 10;
n--;
```

이렇게 증감연산자 ++와 --을 사용하면 변수의 값을 1만큼 증가시키거나 감소시키는 연산이 편리해진다. 한편 증감연산자가 변수의 좌측에 올 때와 우측에 올 때는 증감연산 시점에 차이가 발생한다는 점을 꼭 알아둘 필요가 있다. 증감 연산자가 단독으로 사용될 경우에는 다음 좌측과 우측의 코드가 실행되는 결과는 동일하다.

```
n  = 10;                          n = 10;
n++;                              ++n;
```

하지만, 증감연산자를 포함하는 변수가 단독으로 사용되지 않고 다른 구문에 포함되어 사용되는 경우에는 연산자의 위치에 따라서 증감이 되는 시점이 달라진다. 다음 구문의 첫 행에서 n에는 10이라는 값이 배정된다. 두 번째 행에서는 50에 n++을 더하여 변수 k에 배정하고 있다. 그렇다면 이 시점에서 n++ 부분은 10일까? 11일까? 결론을 먼저 말하자면 이 시점에서 n++의 값은 n의 원래 값인 10이다. 따라서 k의 값은 60이 된다. n++에서와 같이 증감연산자가 변수의 우측에 위치하면 그 변수가 구문에 적용되는 순간에는 원래의 값으로 사용되고 그 직후에 증감연산자가 작동된다. 따라서 아래 예에서는 n++ 부분이 원래 n의 값인 10으로서 역할을 수행한 후 n의 값은 1이 증가되어 11이 된다.

```
n = 10;
k = 50 + n++;
```

한편, 다음 예를 보자. 위의 코드와의 차이점은 n++ 대신 ++n과 같이 증감연산자가 변수의 앞 부분에 사용되었다는 점이다. 이 경우에는 위의 예와는 동작 방식이 달라진다. 증감연산자가 변수의 좌측에 위치할 경우에는 그 변수가 사용되는 시점 이전에 증감연산자가 먼저 작동한다. 따라서 아래의 경우 ++n 부분이 사용되기 직전에 n은 미리 1이 증가되어 값이 11로 변경된다. 그 후 연산이 이루어지므로 k의 값은 61이 된다.

```
n = 10;
k = 50 + ++n;
```

-- 증감 연산자도 ++ 증감연산자와 동일한 방식으로 작동한다. 다음 예의 경우 증감연산자 --가 n 우측에 위치하였으므로 n--이 사용되는 시점에 원래 n의 값인 10이 반영되고 그 후 n의 값은 1만큼 감소된다. 결과적으로 두 행이 모두 실행된 후 k의 값은 60이 되며, n의 값은 9가 된다.

```
n = 10;
k = 50 + n--;
```

반대로 증감연산자 --가 n의 좌측에 위치하는 다음 예의 경우에는 --n이 계산되기 직전에 1만큼 감소되는 동작이 먼저 실행되어 --n 부분은 9의 값을 가지게 된다. 따라서 다음 두 행이 모두 실행된 경우 k의 값은 59가 되며, n의 값은 9가 된다. 이렇게 증감연산자가 적용된 변수는 증감연산자의 위치에 따라서 증감연산을 선 처리 후 실행할 것인 지, 실행 후 후처리를 할 것인지를 정확하게 구분하여 사용해야 한다.

```
n = 10;
k = 50 + --n;
```

증감연산자의 동작에 대한 확실한 이해를 위해 흥미로운 예를 하나 더 살펴보자. 소스코드 10에 의해 출력되는 n의 결과 값은 얼마일까? 6번째 행에 변수 n이 세 번 사용되면서 증감 연산자가 좌우측에 번갈아가며 사용되어 증감 연산의 동작을 예상하기가 쉽지 않다. 하지만 위에서 설명된 대로 한 단계씩 정리해보면 매우 간단하게 결과를 예상할 수 있다.

n의 최초 값은 10이다. 6행의 연산에서 n++부분에서는 n의 원래 값인 10이 반영된다. n++ 부분에 10이 반영된 직후 n의 값은 1만큼 증가되어 11로 변경된다. 그 다음에는 --n이 계산된다. 이 때 증감연산자 --가 n의 좌측에 있으므로 --n 부분이 대입되기 전에 n이 1만큼 감소하는 동작이 먼저 실행된다. 따라서 조금 전에 11로 변경되었던 n의 값이 다시 1만큼 감소되어 10으로 변경된다. 따라서 --n 부분 역시 10이라는 값이 반영되어 결과적으로 n = 10 + 10;과 같은 연산이 이루어진다. 따라서 최종적으로 n이 가지는 값은 20이 된다.

소스코드 10 **증감 연산자 사용 예**

```
 1 : public class JavaTest {
 2 :     public static void main(String args[]) {
 3 :
 4 :             int n = 10;
 5 :
 6 :             n = n++ + --n;
 7 :
 8 :             System.out.println(n);
 9 :
10 :     }
11 : }
```

대입 연산자

대입 연산자는 연산의 결과를 좌측에 위치하는 변수에 대입하는 기능을 하는 연산자이다. 지금까지 앞에서 사용해 왔던 연산자 =도 우측의 연산 결과를 좌측의 변수에 대입해주므로 대입 연산자에 포함된다. 대입 연산자는 다음과 같이 6개가 있다.

```
=
+=
-=
*=
/=
%=
```

다음 예들을 살펴보자. 연산자 좌측의 변수가 연산자 우측에도 나타나서 그 변수의 값을 변경시키는 효과를 가지는 경우에는 동일한 변수를 중복해서 사용할 필요 없이 연산과 배정 기호가 합쳐진 축약된 형태의 배정 연산자를 사용할 수 있다. 보다 코딩작업을 쉽게 하고 가독성을 높이기 위한 연산자라고 할 수 있다.

```
a = a + b;        =>        a += b;
a = a - b;        =>        a -= b;
a = a * b;        =>        a *= b;
a = a / b;        =>        a /= b;
a = a % b;        =>        a %= b;
```

비교 연산자

비교 연산자는 수학의 부등호를 연상하면 쉽게 이해할 수 있다. 비교연산자는 독립적으로 사용되지는 않고 if나 switch 구문과 같은 조건문 내에서 값을 상호 비교하기 위한 목적으로 사용된다. if와 switch 조건문은 4장에서 자세히 설명된다.

비교 연산자에는 다음과 같은 종류가 있다.

== : 같다

〉 : 크다

〉= : 크거나 같다

〈 : 작다

〈= : 작거나 같다

!= : 다르다

= = 연산자는 좌측과 우측의 값이 서로 같은 지를 비교한다. 같다는 표시가 =가 아니고 = =인 이유는 =가 이미 배정 연산자로 사용되었기 때문에 중복을 피하기 위해서이다. 다음과 같은 경우에는 변수 a의 값이 변수 b의 값과 같은지를 비교한다. 서로 값이 같다면 결과는 true(참)이고 다르다면 결과는 false(거짓)가 된다.

```
a == b
```

부등호를 포함하는 네 개의 연산자 〉, 〉=, 〈, 〈=는 수학에서 의미와 차이가 없으므로 다음과 같이 그 의미를 쉽게 이해할 수 있다.

```
a  >  b    : a가 b보다 큰가?
a  >= b    : a가 b보다 크거나 같은가?
a  <  b    : a가 b보다 작은가?
a  <= b    : a가 b보다 작거나 같은가?
```

마지막으로 != 비교 연산자는 좀 독특한 모습을 하고 있다. 이 연사자는 좌측과 우측의 값이 서로 다른 지를 비교하는 연산자로서 = = 연산자와 반대 역할을 한다고 할 수 있다. Java의 논리관련 구문에서 !표는 부정(not)을 뜻한다. 따라서 != 는 같지 않다는 의미가 된다. 다음과 같은 비교 의미를 가진다.

```
a != b    : a와 b가 다른가? (다르다면 결과는 true가 된다.)
```

논리 연산자

논리 연산자는 '그리고', '혹은', '아닌', '서로 다른' 등의 논리적인 관계를 연결하기 위하여 사용된다. 일상 생활에 비교하자면 어떤 기관에 제출할 서류가 '운전면허증 그리고 여권'이라면 운전면허증과 여권을 모두 제출해야 하는 논리적인 관계가 된다. 한편 '운전면허증 혹은 여권'이라면 운전면허증이나 여권, 둘 중 하나만 제출하면 되는 논리적인 관계가 된다. 논리 연산자는 단독으로 사용되지 않고 앞에서 살펴본 비교연산자와 함께 보다 구체적인 논리적인 관계 표현을 위하여 사용된다.

논리 연산자는 다음과 같은 4가지 종류가 있다. 다른 연산자들과는 달리 약간 독특한 모양의 기호들로 표현된다.

```
&&    :    AND
||    :    OR
!     :    NOT
^     :    XOR
```

&&는 이 연산자의 좌측과 우측에 오는 논리적인 값이 모두 true인 경우에만 true가 되는 AND 연산자이다. 다음의 예에서 &&의 좌측에 위치한 20 〉 10은 true 값을 가진다. 반면 우측의 30 = = 90 부분은 틀린 비교이기 때문에 false가 된다. 따라서 전체적인 결과는 false가 된다.

```
20 > 10 && 30 == 90
```

반면 다음의 경우에는 && 연산자 좌측에 위치한 20 〉 10도 true이고, 우측에 위치한 30 != 90도 true이므로 전체적인 값은 true가 된다. && 연산자는 양쪽 모두 true인 경우에만 결과 값이 true가 되는 연산자이기 때문이다. 양쪽이 모두 false라면 어떻게 될까? 당연히 결과는 false이다.

```
20 > 10 && 30 != 90
```

|| 연산자는 이 연산자의 좌측이나 우측의 논리 값 중 최소한 한 쪽이라도 true이면 전체 결과가 true가 되는 OR 연산자이다. 위에서 사용했던 좌우측 조건 값을 그대로 적용해보자. 다음 예에서 || 연산자 좌측은 true이고, 우측은 false이다. 이 경우 최소한 한 쪽이라도 true이기 때문에 전체적인 결과 값은 true가 된다.

```
20 > 10 || 30 == 90
```

다음과 같이 || 연산자의 좌우측이 모두 true인 경우에도 당연히 전체적인 값은 true가 된다.

```
20 > 10 || 30 != 90
```

하지만 다음과 같이 || 연산자의 좌우측이 모두 false라면 전체적인 값은 false가 된다.

```
20 < 10 || 30 != 90
```

논리적인 관계에서 !은 NOT(부정)을 의미한다. ! 연산자는 이 연산자의 우측에 위치한 논리값을 반대로 만든 결과를 돌려준다. 다음의 예에서 20 〉 10의 비교의 결과는 true이지만 그 앞에 부정을 의미하는 !이 있으므로 전체적인 결과는 false가 된다.

```
! (20 > 10)
```

반대로 다음의 경우에는 30 = = 90이 false인데 !가 이를 다시 부정해주므로 전체적인 결과는 true가 된다.

```
! (30 == 90)
```

위의 예를 응용해보자. 위에서 !(30 = = 90)의 결과는 true였다. 다음 예에서는 그 앞에 !이 하나 더 붙어 있어서 다시 부정이 발생하여 다시 전체적인 결과 값은 false가 된다. 이렇게 ! 연산자는 여러 개를 붙여서 사용할 수 있으며,

! 연산자가 한 번 작동할 때마다 논리값은 부정이 이루어져 반대 값으로 변하게 된다.

```
!! (30 == 90)
```

마지막으로 ^ 비교 연산자는 독특한 특징을 가진다. ^ 연산자는 좌우측의 논리 값이 서로 다를 경우만 true를 돌려주는 연산자이다. 즉, 좌측이 true이고 우측이 false이면 ^ 연산자의 결과 값은 true이다. 또한 좌측이 false이고 우측이 true이면 ^ 연산자의 결과값은 역시 true이다. 하지만 좌우측이 모두 true이거나 false이면 ^ 연산자의 결과 값은 false이다.

다음 예에서 ^ 연산자의 좌측은 true이고 우측은 false이기 때문에 전체적인 결과 값은 true가 된다.

```
20 > 10 ^ 30 == 90
```

하지만 다음 예에서는 ^ 연산자의 좌우측이 모두 true이지만 ^ 연산자의 특성상 좌우측의 논리 값이 같으면 그 결과는 false이므로, 다음 예의 전체적인 결과도 false가 된다. 따라서 ^ 연산자의 좌우측이 모두 false인 경우에도 전체적인 결과는 false가 된다.

```
20 > 10 ^ 30 != 90
```

3항 조건 연산자

3항 조건 연산자는 계산 대상이 되는 항이 3개이므로 붙여진 이름이다. 이름이 좀 거창하지만 간단한 조건문이라고 생각하면 된다. 형식은 다음과 같다. 아래에서 조건에 해당하는 부분이 true이면 아래 구문 전체의 결과 값은 값1이 된다. 만약 조건에 해당하는 부분이 false라면 전체적인 결과 값은 값2가 된다.

```
조건 ? 값1 : 값2
```

실례를 통하여 이해해보자. 다음 예에서 조건 부분에 해당하는 90 〉 30이라는 조건은 true이다. 따라서 아래 구문의 전체적인 결과 값은 100이 된다.

```
90 > 30 ? 100 : 200
```

반면 아래 예의 경우 조건 부분에 해당하는 90 = = 30의 결과는 false이므로 아래 구문의 전체적인 결과 값은 200이 된다.

```
90 == 30 ? 100 : 200
```

소스코드 11에서 출력되는 res의 값은 얼마일까? 4행에서 변수 a에는 10이 배정되고, 변수 b에는 20이 배정되었다. 따라서 5행에서 조건 부분에 해당하는 a 〉 b의 결과는 false가 되고 3항 조건 연산자의 규칙에 의하여 a 〉 b ? 200 : 300 구문의 결과 값은 300이 된다. 이 결과 값 300이 변수 res에 배정된다.

따라서 7행에서 출력되는 결과는 300이 된다.

소스코드 11

```
1 : public class JavaTest {
2 :     public static void main(String args[]) {
3 :
4 :             int a = 10, b = 20;
5 :             int res = a > b ? 200 : 300;
6 :
7 :             System.out.println(res);
8 :     }
9 : }
```

비트 연산자

본 섹션의 비트 연산자와 다음 섹션의 시프트 연산자를 설명하기 전에 한 가지 밝혀둘 점이 있다. 만약 본서를 읽는 독자가 Java 프로그래밍에 초보자라면 이 두 섹션은 지금은 이해가 어려울 수 있으므로, 향후에 Java 언어에 익숙해 진 후에 다시 읽어보는 방법이 좋을 수도 있다. 비트 연산이나 시프트 연산은 일반적인 프로그래밍에서는 자주 사용되는 편은 아니며, 특수한 목적을 가진 전문적인 프로그래밍을 위하여 사용되는 영역이기 때문이다. 즉, 비트 연산자와 시프트 연산자를 일단 건너뛰더라도 전체적인 Java의 이해에는 지장이 없다고 할 수 있다.

비트(bit)는 컴퓨터에서 0과 1을 구분하는 최소 단위이다. 정수형 변수의 경우 가장 작은 형은 byte 형은 크기는 1바이트 크기를 가진다. 1바이트는 8비트로 구성되므로 byte 형은 8비트로 구성된다. short 형은 2바이트 크기이므로 16비트의 크기가 된다. 같은 방식으로 int 형은 32비트 크기가 된다. 이렇게 컴퓨터 내부의 자료는 모두 비트들의 집합이라고 할 수 있다.

비트 연산자는 값끼리의 비교나 연산을 비트 단위로 실행하기 위한 연산자이다. 비트 연산자는 다음과 같은 네 가지 종류가 있다.

```
&  :  비트 간의 AND
|  :  비트 간의 OR
^  :  비트 간의 XOR
~  :  각 비트를 반전시키는 연산
```

가장 적은 비트 수를 가진 byte 정수형을 사용하여 간단하게 비트 연산자의 동작을 살펴보자. 다음과 같이 byte형 변수 a와 b를 선언하고 각각에 102와 42를 배정한다.

```
byte a = 102;
byte b = 42;
```

위에서 변수 a와 b에 배정된 102와 42는 실제 메모리에는 이진수인 비트 단위로 존재하며, 각 변수의 값을 비트의 배열로 표현하면 다음과 같다. 두 변수 a와 b에 대하여 비트 연산을 하면 각각의 비트끼리 연산이 이루어진다.

a = | 0 | 1 | 1 | 0 | 0 | 1 | 1 | 0 |

b = | 0 | 0 | 1 | 0 | 1 | 0 | 1 | 0 |

각 비트 연산자를 적용해보자. & 비트 연산자를 사용하면 각 자리의 비트끼리 AND 연산이 이루어진다. AND 연산은 두 개의 대상이 모두 1인 경우에만 결과가 1이 되고 그렇지 않은 경우에는 0이 된다. 따라서 변수 a와 b에 & 연산자를 적용하면 다음과 같은 결과를 얻을 수 있다.

a & b의 계산 과정

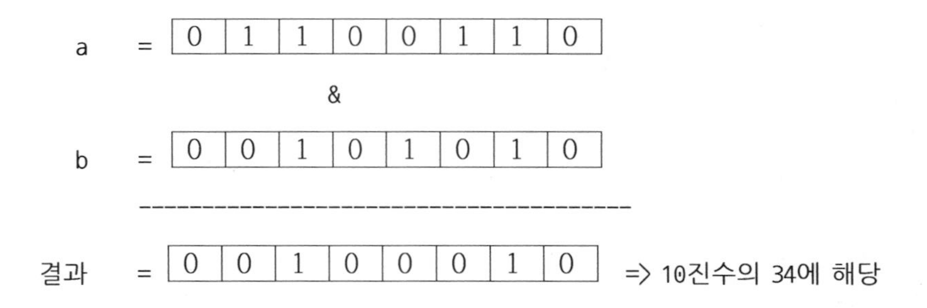

따라서 소스 코드 12에서 출력되는 결과는 34가 된다. 참고로 비트 연산의 경우 Java에서는 모든 수를 int형으로 변환한 후 연산을 처리한다. 그러므로 결과를 다시 byte형으로 변환하기 위하여 (byte)를 사용하여 형변환을 하였다. 이 방식은 다른 비트 연산자에도 모두 동일하게 적용된다.

소스코드 12 **& 비트 연산자 사용 예**

```
1 : public class JavaTest {
2 :     public static void main(String args[]) {
3 :
4 :             byte a = 102, b = 42;
5 :             byte res = (byte) (a & b);
6 :
7 :             System.out.println(res);
8 :     }
9 : }
```

| 비트 연산자를 사용하면 각 자리의 비트끼리 OR 연산이 이루어진다. OR 연산은 두 개의 대상 중 최소한 1개만 1이라면 결과가 1이 되고, 둘 다 모두 0인 경우에는 0이 된다. 따라서 변수 a와 b에 | 연산자를 적용하면 다음과 같은 결과를 얻을 수 있다.

a ¦ b의 계산 과정

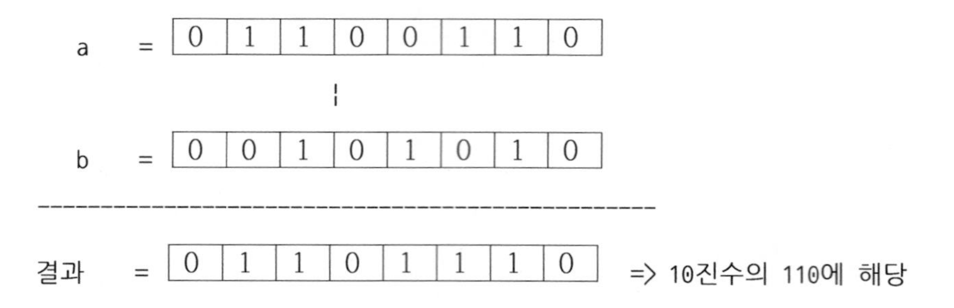

따라서 소스 코드 13에서 출력되는 결과는 110이 된다.

소스코드 13 **비트 연산자 사용 예**

```
1 : public class JavaTest {
2 :     public static void main(String args[]) {
3 :
4 :             byte a = 102, b = 42;
5 :             byte res = (byte) (a | b);
6 :
7 :             System.out.println(res);
8 :     }
9 : }
```

^ 비트 연산자를 사용하면 각 자리의 비트끼리 XOR 연산이 이루어진다. XOR 연산은 두 개의 대상 서로 다른 경우에 1이 되며, 두 대상이 서로 같은 경우에는 0이 된다. 따라서 변수 a와 b에 ^ 연산자를 적용하면 다음과 같은 결과를 얻을 수 있다.

a ^ b의 계산 과정

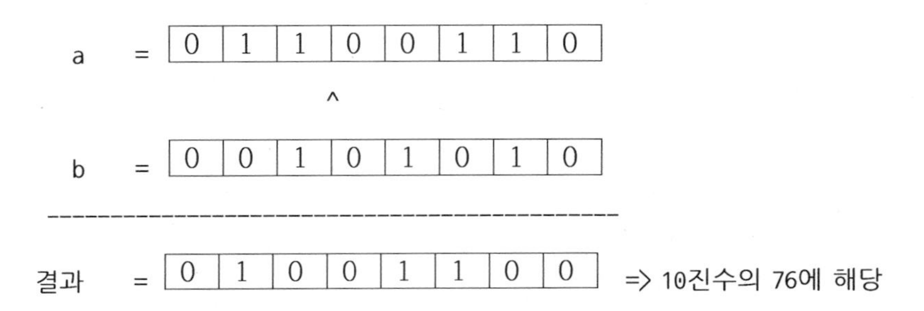

따라서 소스 코드 14에서 출력되는 결과는 76이 된다.

소스코드 14 **^ 비트 연산자 사용 예**

```
1 : public class JavaTest {
2 :     public static void main(String args[]) {
3 :
4 :         byte a = 102, b = 42;
5 :         byte res = (byte) (a ¦ b);
6 :
7 :         System.out.println(res);
8 :     }
9 : }
```

~ 비트 연산자를 사용하면 각 자리에 NOT 연산이 이루어진다. 즉, ~ 연산자는 모든 비트를 반대로 만드는 연산이다. 따라서 변수 a에 ~ 연산자를 적용하면 다음과 같은 결과를 얻을 수 있다.

~a의 계산 과정

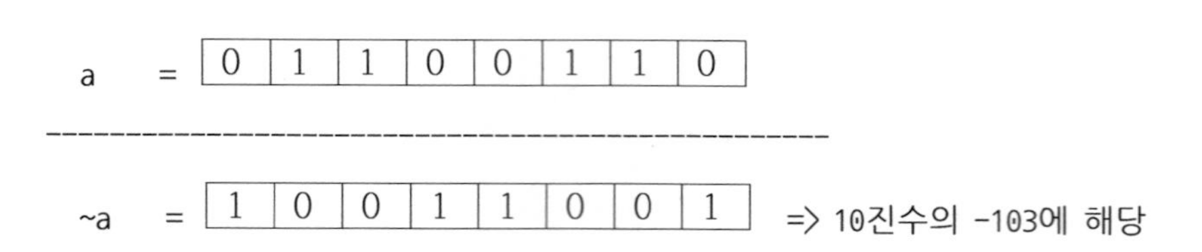

따라서 소스 코드 15에서 출력되는 결과는 -103이 된다. ~a의 결과를 보면 가장 좌측 비트의 값이 1로 변경된 것을 볼 수 있다. 가장 좌측 비트가 1인 경우 음(Negative)을 의미한다. Java에서는 음의 정수를 표현할 때 2의 보수(Two's Complement)라는 방법을 사용한다. 2의 보수 방식이 ~a의 이진 값인 10011001에 적용되어 -103이라는 값으로 계산된다.

소스코드 15 ~ 비트 연산자 사용 예

```
1 : public class JavaTest {
2 :     public static void main(String args[]) {
3 :
4 :             byte a = 102;
5 :             byte res = (byte) (~a);
6 :
7 :             System.out.println(res);
8 :     }
9 : }
```

시프트 연산자

시프트 연산자는 앞에서 살펴본 비트 연산자와 같이 값의 비트를 다루는 기능을 한다. 단, 비트의 값을 변경하는 연산을 하는 것이 아니고 값을 구성하는 비트열의 위치를 좌측이나 우측으로 이동시키는 연산을 한다.

시프트 연산자는 다음과 같이 세 개가 있다.

```
>>  : 우측으로 비트 시프트
<<  : 좌측으로 비트 시프트
>>> : 우측으로 비트 시프트 (단, 최상위 비트는 0으로 채움)
```

〉〉 연산자를 적용하여 우측으로 비트를 시프트하는 방법은 다음과 같이 변수 이름 우측에 〉〉 연산자를 두고 그 우측에 시프트하고자 하는 비트 수를 기

록하면 된다.

```
a >> n   => 변수 a를 n비트만큼 우측으로 시프트한다는 의미
```

반대로 << 연산자를 쓰면 변수의 비트를 해당 비트 수 만큼 좌측으로 시프트 한다는 의미가 된다.

```
a << n   => 변수 a를 n비트만큼 좌측으로 시프트한다는 의미
```

실제 변수의 값을 사용하여 시프트 연산이 이루어진 결과를 확인해보자. 변수 a에는 다음과 같이 102라는 값이 들어있다고 가정한다. 확인을 쉽게 하기 위하여 가장 작은 정수형인 byte형을 사용하였다.

```
byte a = 102;
```

변수 a의 비트는 다음과 같이 구성된다.

a =	0	1	1	0	0	1	1	0

변수 a를 우측으로 1비트만큼 시프트하면 다음과 같이 비트의 이동이 발생한다.

a =	0	1	1	0	0	1	1	0	
a >> 1 =	0	0	1	1	0	0	1	1	=> 10진수의 51에 해당

같은 방법으로 변수 a의 원래 값을 2비트만큼 우측으로 시프트하면 다음과 같이 비트의 이동이 발생한다.

a	=	0	1	1	0	0	1	1	0	
a >> 2	=	0	0	0	1	1	0	0	1	=> 10진수의 25에 해당

이번에는 << 연산자를 사용하여 좌측으로 시프트되는 결과를 관찰해보자. 변수 a의 원래 값을 좌측으로 1비트만큼 시프트하는 경우에는 다음과 같은 비트의 이동이 발생한다. 이 경우 가장 좌측 비트, 즉 사인(sign)비트가 1로 변경되어 이 수는 음수로 변하게 된다. 음수를 계산하는 방법은 앞에서 설명된 대로 2의 보수 방식이 사용된다.

a	=	0	1	1	0	0	1	1	0	
a << 1	=	1	1	0	0	1	1	0	0	=> 10진수의 -52에 해당

같은 방법으로 변수 a의 원래 값을 좌측으로 2비트만큼 시프트하면 다음과 같은 비트의 이동이 발생한다.

a	=	0	1	1	0	0	1	1	0	
a << 2	=	1	0	0	1	1	0	0	0	=> 10진수의 -104에 해당

소스코드 16에는 위에서 설명된 시프트 연산자의 예가 들어있다. 소스코드 16을 실행해보면 설명과 동일한 결과를 확인해볼 수 있다. Java에서는 시프트

연산자를 적용할 때 대상이 되는 수를 int 형으로 변환한 후 연산을 한다. 그러므로 다시 byte 형으로 변환하기 위하여 (byte)를 사용하여 형변환을 적용하였다.

소스코드 16 **비트 시프트 연산자 사용 예**

```
 1 : public class JavaTest {
 2 :     public static void main(String args[]) {
 3 :
 4 :         byte a = 102;
 5 :         byte res1 = (byte) (a >> 1);
 6 :         byte res2 = (byte) (a >> 2);
 7 :         byte res3 = (byte) (a << 1);
 8 :         byte res4 = (byte) (a << 2);
 9 :
10 :         System.out.println(res1);
11 :         System.out.println(res2);
12 :         System.out.println(res3);
13 :         System.out.println(res4);
14 :     }
15 : }
```

이제 세 번째 시프트 연산자인 〉〉〉에 대해 알아보자. 〉〉〉 연산자는 〉〉 연산자와 같이 값을 우측으로 시프트하는 연산자이다. 이 두 연산자는 양수에 적용할 경우는 동일하게 동작하지만 음수에 적용할 경우에는 결과가 달라진다. 음수의 경우에는 가장 좌측의 비트인 사인 비트가 1의 값을 가지기 때문이다. 〉〉 연산자를 사용하여 우측으로 시프트할 경우 가장 좌측 비트는 원래의 값인 1로 다시 채워지게 된다. 하지만 〉〉〉를 사용하여 시프트를 하면 가장 좌측 비트는 0으로 채워지는 차이점을 가진다.

이 현상을 byte형으로 간단히 테스트해보기는 어렵다. Java에서는 시프트 연산을 int형으로 변경하여 적용하기 때문이다. 앞에서는 int형으로 계산된 값을 다시 byte형으로 변환하여 확인해보았지만, 〉〉〉 연산의 경우 int형 비트 수 즉 32비트의 대부분을 채우게 되므로 이를 byte 형으로 변환할 수 없기 때문이다. 따라서 〉〉〉에 대한 예는 int형을 사용하여 테스트해본다.

다음과 같이 int형 변수에 -2147483648 값을 배정하자.

```
int a    =    -2147483648;
```

이 값은 다음과 같이 32개의 비트열로 구성된다.

1	0	0	0	0	0	0	0	0	0	0	0	0	0	0	0	0	0	0	0	0	0	0	0	0	0	0	0	0	0	0	0

이 값을 〉〉 연산자를 사용하여 우측으로 1비트만큼 시프트하면 우측으로 시프트하고 남는 가장 좌측 비트는 다시 1로 채워지며 다음과 같은 결과를 생성한다.

```
a >> 1의 결과   =>   10진수의 -1073741824에 해당
```

1	1	0	0	0	0	0	0	0	0	0	0	0	0	0	0	0	0	0	0	0	0	0	0	0	0	0	0	0	0	0	0

한편 a의 원래 값을 〉〉〉 연산자를 사용하여 우측으로 1비트만큼 시프트하면 우측으로 시프트하고 남는 가장 좌측 비트는 0으로 채워지며 다음과 같은 결

과를 생성한다.

a >>> 1의 결과 => 10진수의 1073741824에 해당

0	1	0	0	0	0	0	0	0	0	0	0	0	0	0	0	0	0	0	0	0	0	0	0	0	0	0	0	0	0	0	0

>> 시프트 연산자와 >>>의 차이점을 int형 정수를 사용하여 알아보았다. 소스코드 17은 이 내용을 구현한 것으로서 실행해보면 위에 설명한 것과 동일한 결과를 얻을 수 있다.

소스코드 17 **>>와 >>> 시프트 연산자 사용 예**

```
 1 : public class JavaTest {
 2 :     public static void main(String args[]) {
 3 :
 4 :             int a = -2147483648;
 5 :             int res1 = a >> 1;
 6 :             int res2 = a >>> 1;
 7 :
 8 :             System.out.println(res1);
 9 :             System.out.println(res2);
10 :     }
11 : }
```

연 습 문 제

1. Java에서 지원하는 연산자들의 종류를 나열해보자.

2. 다음과 같이 변수 n에 대하여 증감 연산자를 적용할 때 n이 가지는 최종 값은 무엇인가?

```
int n = 20;
n = n++ + ++n - --n - n--;
```

3. 정수를 우측으로 1비트 시프트하면 2로 나누는 효과가 발생하는 이유를 설명하시오.

4. 다음 코드에서 m이 가지는 값은 얼마인가?

```
int m = 10〈5?20:10〈5?20:10;
```

5. 다음 코드에서 출력되는 결과는 무엇인가?

```
if (13%3==0^!(100〈50^50〈25))
  System.out.println("A");
else
  System.out.println("B");
```

JAVA

조건문

4장
조건문

조건문이란?

컴퓨터 프로그램은 3가지 요소로 구성된다. 첫 번째 요소는 명령어들이 순차적으로 실행된다는 점이다. 이는 앞에 오는 구문이 먼저 실행된 후 후에 나오는 구문이 후에 실행되는 특징을 의미한다. 두 번째 요소는 조건에 의해 처리되는 내용이 달라진다는 점이다. 예를 들어 80점 이상인 경우에는 합격으로 처리하고, 그 미만인 경우에는 불합격으로 처리하는 것과 같이 조건에 따라 처리되는 내용이 달라지는 경우에 해당된다. 이렇게 조건에 따른 처리를 컴퓨터 언어에서는 조건문을 사용하여 처리한다. 세 번째는 요소는 반복 처리가 가능하다는 점이다. 프로그래밍 언어에서는 반복문을 사용하여 반복이 필요한 업무를 매우 빠른 속도로 반복한다. 본 장에서 살펴볼 내용은 프로그래밍의 3가지 요소 중 조건 부분에 해당된다.

 Java 조건문의 종류

Java에서는 다음과 같이 두 가지 조건문이 사용된다.

```
if 조건문
switch 조건문
```

이와 유사한 연산자로서 앞장에서 살펴본 3항 조건 연산자가 있었다. 하지만 3항 조건 연산자는 조건에 따라 두 값 중 하나를 사용하는 기능을 제공할 뿐, 조건에 따라 일을 처리하는 기능은 가지고 있지 않으므로 조건문에 포함되지는 않는다.

if문 사용 방법

if문의 문법은 간단하다. 다음과 같이 if라는 키워드 다음에 오는 괄호 속에 조건을 넣는다. 만약 괄호 속의 조건이 참(true)라면 if문에 포함되어 있는 실행문을 실행한다. 만약 조건이 거짓(false)라면 실행문을 실행하지 않는다.

```
if (조건)
  실행문;
```

프로그래밍 언어는 사람의 언어의 축소판이다. if문에 친근감을 느끼도록 하기 위해 사람의 언어로 비슷한 예를 하나 들자면 다음과 같다. 다음과 같은 일상의 언어를 이해하지 못할 사람은 없을 것이다. 점수가 80점 이상이라면 화면에 합격이라고 출력을 하고 그렇지 않을 경우에는 아무 일도 하지 말라는 명령이다. Java의 if문도 간략화된 키워드와 괄호로 표현되었을 뿐이며, 조건을 처리하는 방법은 우리가 사용하는 일상의 언어와 다를 것이 없다.

```
만약 (점수가 80점이상) 이라면
   화면에 합격이라고 출력해라;
```

다음 예에서는 변수 score에 90을 배정하고, if 문으로 조건을 테스트하여 score의 값이 80 이상일 경우 화면에 합격을 출력한다. 만약 score가 80 이상이 아닐 경우 아무 일도 하지 않는다. 아래 예에서는 if문의 조건을 만족하므로 "합격"이 화면에 출력될 것이다.

```
int score = 90;
if (score >= 80)
  System.out.println("합격");
```

만약 다음의 예와 같이 score에 배정된 값이 70이라면 아무 것도 출력되지 않을 것이다.

```
int score = 70;
if (score >= 80)
  System.out.println("합격");
```

한 가지 기억해둘 점은 System.out.println("합격")이라는 구문은 if문에 포함된 구문이라는 점이다. 즉, 이는 if문의 조건에 의해 실행이 결정되는 if문에 종속된 구문이다. 이렇게 if문에 포함되는 실행문이 한 개라면 별도의 괄호 없이 그대로 사용하면 된다.

반면 위의 if문에서 score가 90 이상일 경우 화면에 합격이라고 출력을 한 후 다시 축하 메시지를 출력하고자 할 경우를 생각해보자. 이렇게 if문에 2개 이상의 구문을 포함시키고자 할 경우에는 대괄호를 사용하여 여러 구문들을 묶어주어야 한다. 아래 예에서는 if문의 조건을 만족할 경우에 실행할 구문이 2개 이상이므로 대괄호를 사용하여 구문들을 묶은 것을 볼 수 있다.

```
int score = 90;
if (score >= 80)
{
      System.out.println("합격");
      System.out.println("축하합니다.");
}
```

if else문 사용 방법

지금까지 살펴 본 if문은 단일 if문이다. 단일 if문에서는 주어진 조건이 참이면 if문에 포함된 구문을 실행하고 조건이 맞지 않으면 아무 일도 하지 않는다. 이어서 살펴볼 내용은 if else문이다. if else문의 구성은 다음과 같다. if else문에서는 주어진 조건이 참이면 if에 포함된 실행문을 수행하고, 그렇지 않으면 else 부분에 포함된 실행문을 수행한다.

```
if (조건)
   실행문;
else
   실행문;
```

if else문을 사용한 다음 예를 보면 score가 80 이상일 경우 합격과 관련된 메시지를 출력하고, 그렇지 않을 경우에는 불합격에 관련된 메시지를 출력하는 것을 볼 수 있다.

```
int score = 90;
if (score >= 80)
{
     System.out.println("합격");
     System.out.println("축하합니다.");
}
else
{
     System.out.println("불합격");
     System.out.println("다음 기회를 이용해주세요.");

}
```

if else문을 사용하는 예를 하나 더 살펴보자. 다음 예에서는 변수 n에 값 3이 들어 있다. if문에서는 n%2의 값이 0인 조건을 검사한다. 어떤 수를 2로 나눈 나머지가 0이라면 그 수는 짝수일 것이다. 그렇지 않으면 그 수는 홀수가 된다. 따라서 n%2 = = 0 이 참이라면 n에 들어 있는 값을 짝수라고 할 수 있다. 이런 방법으로 다음 예에서는 n의 홀짝 여부를 출력하게 된다. if문의 조건이 참이라면 짝수라는 메시지를 출력하고 그렇지 않을 경우에는 else문에 속한 구문에서 홀수라는 메시지를 출력한다. 이렇게 if else문은 주어진 조건이 참일 경우와 참이 아닐 경우에 대한 처리 구문을 포함한다.

```
int n = 3;

if (n%2 == 0)
    System.out.println("짝수입니다.");
else
    System.out.println("홀수입니다.");
```

if문을 사용한 학점 계산 예

if문을 사용하여 학점을 계산하는 예를 생각해보자. 변수 score의 값이 90 이상이면 A학점을 출력하고, 90 미만 80 이상이면 B학점을 출력하고, 80미만 이라면 불합격을 출력하기로 했다고 가정을 해보자. 소스코드 18의 4행에서는 변수 score에 85라는 점수를 배정하였다. 6행부터 11행에서는 score의 범위를 검사하여 학점을 출력하게 된다.

6행에서는 score의 값이 90 이상인지 검사한 후 이 조건을 만족하면 A학점을 출력한다. B학점에 해당하는지를 검사하는 8행에서는 80 이상인지에 대한 검사와 함께 90미만인지도 함께 검사하고 있다. 90 미만인지를 검사하지 않으면 score가 95일 경우 B학점 조건도 만족하여 B학점도 출력되기 때문이다. score 〈 90 조건과 score 〉= 80 조건 두 개는 논리 연산자 &&을 사용하여 AND 조건을 만족하는 지 검사하였다.

10행에서는 score의 값이 80 미만일 경우 불합격 메시지를 출력한다. 이렇게 if문을 사용하여 실제 업무에 필요한 다양한 프로그램의 구현이 가능하다.

소스코드 18 **if문 사용 예**

```
 1 : public class JavaTest {
 2 :     public static void main(String args[]) {
 3 :
 4 :         int score = 85;
 5 :
 6 :         if (score >= 90)
 7 :             System.out.println("A학점");
 8 :         if (score < 90 && score >= 80 )
 9 :             System.out.println("B학점");
10 :         if (score < 80 )
11 :             System.out.println("불합격");
12 :
13 :     }
14 : }
```

else if문 사용방법

if문의 세 번째 형태인 else if문을 살펴보자. else if문은 여러 단계의 조건을 테스트해 볼 때 편리하게 사용할 수 있다. 사용 방법은 다음과 같다. 먼저 if문 포함된 조건1을 검사하여 이 조건1이 참이면 실행문1을 수행하고 if문을 종료한다. 만약 조건1이 거짓이면 조건2를 검사하여 조건2가 참이면 실행문2를 수행하고 if문을 종료한다. 만약 조건2가 거짓이면 조건3을 검사한다. 조건3을 검사하는 시점까지 왔다는 것은 그 이전 조건들 즉 조건1과 조건2는 모두 거짓이었음을 의미한다. 즉, else if 문은 선행한는 조건이 거짓일 경우 새로운 조건을 검사하는 구문이다. 조건 3이 참일 경우에는 실행문3을 수행하고 if문을 종료한다. 아래 예서는 세 개의 조건만을 처리했지만, 이와 같은 방법으로 조건은 계속 반복될 수 있다.

```
if (조건1)
    실행문1;
else if (조건2)
    실행문2;
else if (조건3)
    실행문3;
```

다음 예에서는 앞에서 살펴본 것과 유사하게 else if문이 사용되고 있다. 단, 가장 마지막에 else가 하나 더 붙어 있다. 앞의 예에서는 세 개의 조건을 검사하고 각 조건에 해당되는 실행문을 실행하고 if문을 종료하였다. 한편 다음 예에서는 조건1, 조건2, 조건3이 모두 거짓일 경우 마지막 else에 의하여 실행문 4가 실행된다. 즉, 마지막 else에는 그보다 선행하는 else if문의 조건들이 모두 거짓일 경우 실행하고자 하는 실행문을 지정한다.

```
if (조건1)
    실행문1;
else if (조건2)
    실행문2;
else if (조건3)
    실행문3;
else
    실행문4;
```

소스코드 19에서 else if문을 신분증 코드에 적용한 예를 살펴보자. 4행에서 선언된 변수 idCode는 신분증의 코드를 의미하며, 이 값이 1이면 한국인, 2이면 외국인, 그 외의 값이면 미등록을 의미한다고 가정한다. 6행에서는 idCode의 값이 1인지를 검사하고 참이라면 한국인이라는 메시지를 출력한다. 만약 이 값이 거짓일 경우 자동으로 8행의 else if문에 해당하는 조건을 검사하게 된다. 8행에서 검사한 조건이 참, 즉 idCode의 값이 2라면 외국인이라는 메시지를 출력한다. 만약 8행의 조건도 거짓이라면 10행의 else문에 의하여 미등록이라는 메시지가 출력된다.

소스코드 19 **else if문 사용 예**

```
 1 : public class JavaTest {
 2 :      public static void main(String args[]) {
 3 :
 4 :            int idCode = 2;
 5 :
 6 :            if (idCode == 1)
 7 :                     System.out.println("한국인");
 8 :            else if (idCode == 2)
 9 :                     System.out.println("외국인");
10 :            else
11 :                     System.out.println("미등록");
12 :
13 :       }
14 : }
```

이렇게 else if문은 여러 조건을 연속하여 검사할 때 편리하게 사용할 수 있다. 그렇다면 else if문이 if문을 여러 개 사용한 경우에 비해 얻는 이점은 무엇일까? else if문으로 표현된 소스코드 19의 내용을 순수한 if문으로만 구현하면 소스코드 20과 같이 표현될 수 있다.

소스코드 20의 경우는 6행의 검사 조건인 idCode = = 1을 만족하여 한국인이라는 메시지가 출력된 이후에도, 8행과 10행의 독립적인 if문들의 조건을 모두 검사하게 된다. else if문의 경우에는 어느 한 조건을 만족하면 그에 대한 실행문을 실행한 후 if문을 종료하는 것에 비해 소스코드 20과 같이 단일 if문만을 사용할 경우에는 모든 if문의 조건을 검사하는 비효율적인 문제점이 발생한다. 만약 이 조건의 개수가 100 혹은 1,000개라면 어느 한 조건을 만족한 이후에도 매우 많은 조건을 검사하는 일이 발생할 것이다.

또한 소스코드 20의 10행을 보면 else if문에서는 else 하나로 처리가 가능했던 조건에 대해 선행하는 모든 조건을 부정하는 조건을 && 연산자를 사용하여 각각 기술해야만 한다. 만약 선행하는 조건이 1,000개라면 1,000개의 부정 조건을 && 연산자를 사용하여 기술해야만 하는 문제가 발생할 것이다. 이 두 가지의 경우만 비교해 봐도 else if문의 효율성은 충분히 이해할 수 있다.

소스코드 20 **else if문을 if문으로 재구성한 예**

```
1 : public class JavaTest {
2 :   public static void main(String args[]) {
3 :
4 :           int idCode = 2;
5 :
6 :           if (idCode == 1)
7 :                   System.out.println("한국인");
8 :           if (idCode == 2)
```

```
 9 :                    System.out.println("외국인");
10 :              if (idCode != 1 && idCode != 2)
11 :                    System.out.println("미등록");
12 :
13 :     }
14 : }
```

else if문을 사용한 학점 계산

앞에서 if문만을 사용하여 처리했던 학점 계산의 예를 else if문을 사용하여 처리해보자. else if문의 편리한 강점을 이해할 수 있을 뿐만이 아니라 else if 문을 사용할 때 순서에 대한 유의 사항도 함께 확인해볼 수 있다.

소스코드 21을 보면 6행에서 90점 이상의 조건이 참일 경우 A학점을 출력한다. 8행에서는 80점 이상인지에 대해서만 검사한다. 8행의 조건 검사 단계까지 왔다는 것은 이미 선행하는 조건이 거짓이었다는 의미가 되므로 당연히 score는 90 미만이라는 것이 확인되었기 때문이다. 10행의 else 단계까지 온다면 이는 선행하는 조건들이 모두 거짓이었던 것이므로 score가 당연히 80 미만임을 의미하게 된다.

소스코드 21 **else if문을 사용한 학점 계산**

```
 1 : public class JavaTest {
 2 :       public static void main(String args[]) {
 3 :
 4 :             int score = 85;
 5 :
 6 :             if (score >= 90)
 7 :                        System.out.println("A학점");
 8 :             else if (score >= 80)
 9 :                        System.out.println("B학점");
10 :             else
11 :                        System.out.println("불합격");
12 :
13 :       }
14 : }
```

이와 동일한 작업을 하기 위하여 앞에서 단일 if문을 사용할 때는 다음과 같이 표현을 했었다. 이렇게 표현할 경우 if문 내의 조건들이 복잡해질 뿐만이 아니라 한 if문의 조건을 만족하더라도 모든 if문을 실행하는 비효율성이 생긴다. 또한 예외 경우를 처리하는 마지막 if문에도 조건을 기술해야 하는 불편이 따른다.

```
if (score >= 90)
    System.out.println("A학점");
if (score < 90 && score >= 80 )
    System.out.println("B학점");
if (score < 80 )
    System.out.println("불합격");
```

else if문을 사용할 경우에는 조건의 순서에 유의할 필요가 있다. else if문은 연속된 여러 개의 조건을 검사하기 때문에 어떤 조건을 먼저 검사하고 어떤 조건을 후에 검사해야 하는 지에 대하여 정확한 판단이 필요하다.

소스코드 22에서는 소스코드 21과 유사하게 else if문을 사용하여 학점을 계산하고 있다. 단, 6행과 8행의 조건의 순서가 소스코드 21과는 반대로 되어 있다. 언뜻 보면 비슷한 기능을 수행할 것이라고 생각할 수 있다. 하지만 소스코드 22에서는 score의 값이 95임에도 불구하고 B학점이라는 메시지가 출력된다. 95라는 값은 90보다 크거나 같기도 하지만 80보다 크거나 같다라는 조건도 만족한다. 그렇기 때문에 6행의 B학점 조건을 만족하게 되어 B학점이라는 메시지가 출력된 후 if문은 종료된다. 이렇게 else if문을 사용할 경우 조건의 처리 순서가 정확하지 않으면 전혀 예상하지 못할 결과가 나타나므로 조건의 순서에 유의해야 한다.

소스코드 22 **부정확하게 구성된 else if문의 예**

```
 1 : public class JavaTest {
 2 :       public static void main(String args[]) {
 3 :
 4 :               int score = 95;
 5 :
 6 :               if (score >= 80)
 7 :                       System.out.println("B학점");
 8 :               else if (score >= 90)
 9 :                       System.out.println("A학점");
10 :               else
11 :                       System.out.println("불합격");
12 :
13 :       }
14 : }
```

switch문 사용방법

switch문은 if문과 함께 Java에서 사용되는 조건문이다. else if문과도 유사한 면을 가지고는 있지만 switch문은 조건을 검사하는 것이 아니고 값을 검사한다는 차이점이 있다. 다음 사용방법을 보면 switch문의 괄호 안에는 검사 대상이 되는 값이 위치한다. 그 후 각 case문에서 해당하는 값에 따라 해당 실행문이 실행된다. 각 case 별로 실행문은 1개 이상 여러 개가 올 수 있다. 가장 마지막의 defaut는 if문의 else와도 비슷한 역할을 한다. 선행하는 case에 해당되는 것이 없을 때 처리되는 실행문을 위해 사용된다.

```
switch ( 검사할 대상값 )
{
case 해당값1 : 실행문1;
               break;
case 해당값2 : 실행문2;
               break;
case 해당값3 : 실행문3;
               break;
default      : 실행문4;
}
```

소스코드 23에는 앞에서 if문을 사용해서 처리해보았던 신분증 코드의 예를 switch문을 사용하여 구현한 코드가 들어있다. 4행에는 변수 idCode가 선언되어 있고 값으로 2가 배정되었다. 6행을 보면 switch문의 괄호 안에는 검사하고자 하는 대상인 idCode가 들어 있다. 이어지는 각 case문에는 1, 2 등과 같이 idCode의 값을 검사하기 위해 비교할 수들이 나열되어 있다. 소스코드 23에서 idCode의 값은 2이므로 case 2에 해당되어 화면에 외국인이라는 메시지가 출력된다. 또한 case 조건에 만족하는 실행문은 1개 이상 처리가 가능함을 보이기 위하여 "환영합니다"라는 메시지를 하나씩 더 출력하고 있다. 만약 idCode의 값이 1도 아니고 2도 아니라면 default인 경우에 해당되어 미등록이라는 메시지가 출력될 것이다.

소스코드 23 **switch문 사용 예**

```
 1 : public class JavaTest {
 2 :      public static void main(String args[]) {
 3 :
 4 :            int idCode = 2;
 5 :
 6 :            switch (idCode) {
 7 :            case 1:  System.out.println("한국인");
 8 :                     System.out.println("환영합니다.");
 9 :                     break;
10 :            case 2:  System.out.println("외국인");
11 :                     System.out.println("환영합니다.");
12 :                     break;
13 :            default: System.out.println("미등록");
14 :                     System.out.println("코드를 확인해주세요.");
15 :            }
16 :
17 :      }
18 : }
```

연습문제

1. 다음과 같이 변수 id에 저장된 수의 좌측에서 2번째 자리가 3이면 회사 내부인이고, 4이면 회사 외부인이라고 가정을 할 때, 주어진 id가 내부인의 것인지, 외부인의 것인지를 판별하는 코드를 작성하시오.

```
int id = 23451;
```

2. 가위바위보의 게임에서 정수 0은 가위를, 1은 바위를, 2는 보를 의미한다고 가정할 때, 다음 두 플레이어 변수 playerA와 playerB의 값을 비교하여 가위바위보의 승부를 결정하는 코드를 작성하시오.

```
int playerA, playerB;
```

3. 다음과 같은 세 개의 변수에 삼각형의 각 변의 길이가 저장되어 있다고 가정할 때, 이 삼각형이 정삼각형인지, 직각삼각형인지, 기타 삼각형인지를 출력하는 코드를 else if문을 사용하여 작성하시오.

```
int side1, side2, side3;
```

JAVA

반복문

5장
반복문

반복문이란?

컴퓨터가 인간보다 뛰어난 능력을 하나 들자면 속도이다. 컴퓨터가 인간과 같은 지능을 갖기는 어렵지만 반복의 속도만큼은 엄청난 속도로 발전하고 있다. 반복문은 특정 작업을 원하는 횟수만큼 반복시키기 위한 Java의 구문이다. 컴퓨터는 반복문을 매우 빠른 속도로 처리한다. 예를 들어 기상을 예측할 때 기상 시뮬레이션 프로그램에서는 공기나 구름 등의 움직임을 예측하기 위하여 각 입자들을 반복하여 움직여본다. 이 때 컴퓨터의 엄청난 연산 능력을 요구하게 된다.

성적을 처리할 때도 수만 명의 성적 데이터를 반복적으로 읽어서 채점하고, 총점을 계산하고, 평균을 계산한다. 3D 가상현실 영화에서도 캐릭터 모델들의 각 폴리곤마다 빛이 비쳐서 생기는 색상과 질감을 반복적으로 계산한다.

이렇게 반복문은 우리 생활의 다양한 분야를 통해 컴퓨터에서 수행되고 있다. Java에서는 for 반복문, while 반복문, 그리고 do while 반복문 등 3가지 반복문을 제공한다.

for 반복문 사용 방법

for 반복문은 어떤 작업을 원하는 횟수만큼 반복하기 위하여 사용되는 가장 일반적인 반복문이다. 예를 들어서 화면에 "Hello"라는 문자열을 10,000번 출력하고자 할 때 반복문이 없다면 프린트 실행문을 10,000개의 행에 걸쳐서 코딩을 해주어야 할 것이다. for 반복문을 사용하면 이런 종류의 일을 아주 간편하게 처리할 수 있다. for문은 다음과 같은 구조를 갖는다. for문이 반복되는 흐름은 그림 21과 같다.

```
for (초기화; 조건; 업데이트)
    실행문;
```

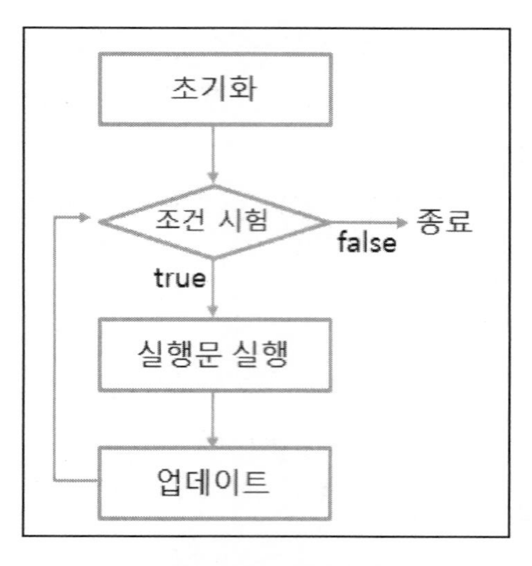

그림 21 _ for 문의 흐름

실제 예를 통하여 for문이 반복되는 과정을 살펴보자. 이 예에서 for문이 실행되는 흐름은 그림 22와 같다.

```
for (int i=0; i<3; i++)
   System.out.println("Hello");
```

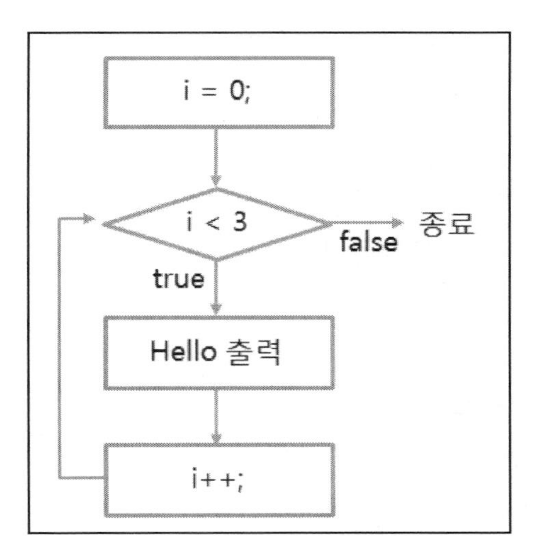

그림 22 _ for문의 실행 예

이제 위의 예제 코드를 한 단계씩 직접 실행해보며 "Hello"가 몇 회 출력되는지를 확인해보자. 다음 과정을 통하여 "Hello"는 총 3번 출력된다.

- 선언된 변수는 i는 0으로 초기화 했으므로 0 값을 가진다.
- i < 3 의 조건이 true 이므로 System.out.println("Hello")를 실행한다.
- i++을 통하여 i 값은 1로 변경된다.
- i < 3 의 조건이 true 이므로 System.out.println("Hello")를 실행한다.
- i++을 통하여 i 값은 2로 변경된다.

- i < 3 의 조건이 true 이므로 System.out.println("Hello")를 실행한다.
- i++을 통하여 i 값은 3으로 변경된다.
- i < 3 조건이 false이므로 for문을 종료한다.

for문에서 초기화, 조건 시험, 업데이트 부분에 입력하는 코드에 특별한 형식은 없다. 조건만 만족하면 for문은 원하는 횟수만큼 반복된다. 위의 예를 몇 가지 형태로 응용해보면 for문이 동작하는 방식을 더 넓게 이해할 수 있을 것이다. 다음 for 문도 Hello를 3번 출력하게 된다. i의 값을 1로 초기화 해놓고 하나씩 증가시키며 i < 4인 조건동안 실행되기 때문이다.

```
for (int i=1; i<4; i++)
   System.out.println("Hello");
```

다음 for문도 화면에 Hello를 3번 출력한다. i를 1로 초기화했지만 i <= 3인 조건 동안 실행되기 때문이다.

```
for (int i=1; i<=3; i++)
   System.out.println("Hello");
```

다음 for문도 화면에 Hello를 3번 출력한다. for문에 사용되는 변수명이 꼭 i일 필요는 없다. 업데이트 부분도 항상 ++와 같은 증감 연산자만 사용해야 하는 것은 아니고 어떤 연산도 사용할 수 있다. 아래 예에서는 num++ 대신 num = num + 1과 같은 코드를 사용하여 num의 값을 1 증가시켰다.

```
for (int num=0; num<3; num = num + 1)
   System.out.println("Hello");
```

다음 for문도 화면에 Hello를 3번 출력한다. 변수 i의 초기값을 3으로 설정하고, i > 0인 조건을 만족하면 실행문이 실행된다. 업데이트는 i--를 사용하여 i의 값이 매번 1씩 감소되도록 하였다. 즉, 반드시 for문의 변수의 값을 증가하며 사용할 필요는 없다. 필요에 따라서 감소하거나, 증가시킬 수도 있다. 또한 반드시 1씩 증감을 해야 하는 것은 아니며 필요한 만큼 증감할 수도 있다.

```
for (int i=3; i>0; i--)
   System.out.println("Hello");
```

지금까지는 for문에 속한 문장이 System.out.println("Hello")라는 구문이 하나였다. 다음 예에서와 같이 for문에 속한 구문이 2개 이상일 경우에는 대괄호를 사용하여 묶어준다.

```
for (int i=0; i<3; i++)
{
     System.out.println("Hello");
     System.out.println("World");
}
```

 for 반복문 응용 연습 : 합계와 계승 구하기

for문을 응용하여 보다 다양한 작업을 시도해보자. 앞에서는 단순히 동일한 작업을 반복하는 용도로 for문을 사용했지만, for문은 매우 다양하게 응용할 수 있다. 다음 예에서 i 값은 1부터 시작하여 10보다 같거나 작을 때까지 실행문을 실행하며 i의 값은 1씩 증가된다. i의 값이 1부터 10까지 변하므로 System.out.println(i) 구문은 10번 실행된다. 그런데 이 출력문의 내용이 앞에서 사용한 예와 약간 다르다. println() 메소드의 괄호 안에 고정된 문자 대신 변수 i가 들어있다. System.out.println(i) 구문은 i의 값에 따라서 출력되는 내용이 달라진다. i가 1일 때는 1을 출력하고, 2일 때는 2를 출력한다. 마지막으로 i가 10일 때는 10을 출력한다.

```
for (int i=1; i<=10; i++)
{
    System.out.println(i);
}
```

따라서 위 예제 코드의 출력 결과는 다음과 같다. for문을 사용하여 동일한 내용의 출력 작업대신 변하는 숫자를 출력해보았다.

```
1
2
3
4
5
6
7
8
9
10
```

이번에는 위의 예를 더 응용하여 1부터 10까지 수의 합을 구해보자. 소스코드 24를 보면 4행에 sum이라는 변수가 선언되어 있고 초기 값으로 0이 배정되었다. 이 변수 sum의 역할은 무엇일까? 1부터 10까지의 수의 합을 구하기 위해서는 어디엔가는 누적을 하며 합산을 할 곳이 필요하다. 변수 sum은 변수 i의 값이 1부터 10까지 매번 반복되며 변할 때마다 i의 값을 누적시키기 위하여 사용된다. 중요한 점은 for 반복문이 시작되기 전에 sum의 값을 0으로 초기화시켜주어야 한다는 점이다.

6행에서 for문의 괄호안에서는 i값을 최초에 1로 설정해주고 i <= 10인 상황까지 계속 7행의 실행문을 실행시켜준다. 7행에서는 매 반복 때마다 i 값을 변수 sum에 누적 시켜주고 있다. for문이 종료되고 나면 sum에는 1부터 10까지의 숫자가 누적된 결과가 남게 된다. 이 결과를 9행에서 출력하고 있다. 출력 결과는 다음과 같다.

```
합계는 55입니다.
```

소스코드 24 **for문을 사용하여 1부터 10까지의 합 구하기**

```
 1 : public class JavaTest {
 2 :       public static void main(String args[]) {
 3 :
 4 :               int sum = 0;
 5 :
 6 :               for (int i=1; i<=10; i++)
 7 :                           sum += i;
 8 :
 9 :               System.out.println("합계는 " + sum + "입니다.");
10 :
11 :       }
12 : }
```

소스코드 24의 코드를 조금 수정하여 1부터 10까지 곱하는 프로그램을 작성해 보자. 1부터 10까지 곱하는 것은 수학에서의 10 계승(Factorial)을 구하는 것과 같다. 소스코드 25를 보면 4행에서 fac이라는 변수를 선언하면서 이 변수의 값을 1로 초기화시켰다. 합계를 구할 때는 변수 sum을 0으로 초기화시켰는데, 곱을 구할 때는 왜 1로 초기화시켰을까? 합을 구할 때는 누적 변수에 새로운 수를 더하는 것이지만 곱을 구할 때는 곱하는 것이기 때문이다. fac에 계속 수를 곱해나갈 것인데, 만약 fac의 값이 0이라면 0에 아무리 많은 수를 곱해도 0일 뿐이다. 그러므로 프로그래밍에 있어서 변수의 초기화는 매우 중요한 작업이다.

6행의 for문은 변수 i를 1부터 10까지 반복적으로 증가시키고 있다. i의 값이 1부터 10까지 변하는 과정에서 매 단계마다 fac *= i;를 실행하여 fac에 계속 i 값을 곱해나간다. 결과적으로 for문이 종료되면 fac에는 1부터 10까지 곱한 값만 남는다. 9행에 의하여 출력되는 결과는 다음과 같다.

```
계승은 3628800입니다.
```

소스코드 25 **for문으로 계승(factorial) 구하기**

```
1 : public class JavaTest {
2 :       public static void main(String args[]) {
3 :
4 :               int fac = 1;
5 :
6 :               for (int i=1; i<=10; i++)
7 :                       fac *= i;
8 :
```

```
 9 :            System.out.println("계승은 " + fac + "입니다.");
10 :
11 :      }
12 : }
```

for 반복문 용용 연습 : 구구단 출력하기

구구단 출력은 for문의 사용방법을 이해할 수 있는 좋은 예이다. 각 단별로 곱하기 결과를 출력하는 단계에서 for문에 사용된 변수를 활용하는 방법도 이해할 수 있으며, 2단부터 9단까지의 처리를 위하여 for 반복문 밖에 또 하나의 for 반복문을 사용하는 중첩 반복(Nested Loop)에 대해서도 이해를 할 수 있기 때문이다.

먼저 구구단의 시작인 2단을 출력하는 방법을 알아보자. 소스코드 26의 4행에서는 변수 i를 1부터 9까지 변화시키고 있다. 구구단은 각 단별로 1부터 9까지의 곱을 구하기 때문이다. 5행의 출력문에서는 for문의 변수 i가 두 번 사용되고 있다. 먼저 2에 곱해지는 수가 무엇인지를 위해 출력이 되며 그 후에 답을 구하기 위하여 2*i 라는 계산을 하여 곱한 값을 출력한다. 이렇게 for문에 사용되는 변수는 원하는 목적을 위하여 여러 번 사용될 수 있다. 또한 for문 내의 다양한 계산에 사용될 수 있다. 소스코드 26이 출력하는 결과는 다음과 같다.

```
2 x 1 = 2
2 x 2 = 4
2 x 3 = 6
2 x 4 = 8
2 x 5 = 10
2 x 6 = 12
2 x 7 = 14
2 x 8 = 16
2 x 9 = 18
```

소스코드 26 **for문으로 구구단 2단 출력하기**

```
1 : public class JavaTest {
2 :     public static void main(String args[]) {
3 :
4 :             for (int i=1; i<=9; i++)
5 :                 System.out.println("2 x " + i + " = " + (2 * i) );
6 :
7 :     }
8 : }
```

이번에는 구구단을 2단부터 9단까지 모두 출력해보자. 구구단의 2단을 출력한 소스코드 26의 5행의 출력문을 보면 "2 x" 로 시작하는 부분에 숫자 2가 고정되어 있고, 실제 곱한 결과를 구하는 (2 * i) 부분에도 숫자 2가 고정되어 있다. 9단까지 출력하려면 이 두 부분을 2로 고정해 놓아서는 안 된다. 또한 2단부터 9단까지 총 8개의 곱셈 테이블을 출력해야 한다.

소스코드 27에서는 구구단을 2단부터 9단까지 출력하고 있다. 4행과 6행을 보면 for 반복문 안에 또 하나의 반복문이 위치한 것을 볼 수 있다. 4행의 for

문은 변수 i를 2부터 9까지 변화시키면서 총 8번에 걸쳐 for문 내의 실행문들을 반복한다. 6행의 for문에서는 변수 j의 값을 1부터 9까지 반복하여 변경하며 1 곱하기부터 9 곱하기까지를 처리한다. 7행의 출력문의 위치에서 변수 i는 현재 출력하고자 하는 단의 수를 의미하고 j는 이 단에 곱할 수를 의미한다. 즉, (i*j)는 i단에 j를 곱한 결과이다.

소스코드 27 **for문으로 구구단 전체 출력하기**

```
 1 : public class JavaTest {
 2 :       public static void main(String args[]) {
 3 :
 4 :              for (int i = 2; i <= 9; i++)
 5 :              {
 6 :                        for (int j = 1; j <= 9; j++)
 7 :                                  System.out.println(i + " x " + j + "
     = " + (i * j));
 8 :                        System.out.println();
 9 :              }
10 :
11 :       }
12 : }
```

소스코드 27에서 6, 7행에 있는 for 반복문이 종료될 때마다 구구단 한 단의 출력이 끝난다. 8행에서는 한 단이 끝난 후 공백 라인을 하나 출력하여 각 단을 공백 라인으로 구분할 수 있도록 하고 있다. 이렇게 반복문 내에 또 다른 반복문이 들어가 있는 것을 중첩 반복문(Nested Loop)이라고 부른다. 구구단의 경우 반복문 내에 반복문이 들어 있는 2중 중첩 반복문이 사용되었다. 안쪽의 반복문 내에 또 반복문이 위치한다면 3중 중첩 반복문이 될 것이다.

이런 식으로 중첩 반복문은 계속 이어질 수 있다. 다음은 소스코드 27의 출력 결과이다.

```
2 x 1 = 2
2 x 2 = 4
2 x 3 = 6
2 x 4 = 8
2 x 5 = 10
2 x 6 = 12
2 x 7 = 14
2 x 8 = 16
2 x 9 = 18

3 x 1 = 3
3 x 2 = 6
3 x 3 = 9

... 중간 생략 ...

9 x 7 = 63
9 x 8 = 72
9 x 9 = 81
```

for 반복문 응용 연습 : 배수의 합 구하기

앞에서는 for 반복문 내에서 출력과 간단한 연산을 사용하는 연습을 해보았다. 이번에는 for 반복문과 조건문을 함께 사용하는 연습을 해보자. 앞에서 for문의 변수를 사용하여 1부터 10까지의 합을 구해본 예가 있었다. 이번에는 1부터 100까지의 수 중 3의 배수들의 합을 구하는 방법을 생각해보자.

소스코드 28을 보면 4행에서 sum은 0으로 초기화했고, 5행의 for문은 변수 i를 1부터 100까지 변화시키고 있다. 6행의 if문에서는 100번의 반복문 내에서 해당 번째의 i 값이 3의 배수인지를 검사하고 있다. %연산자는 정수를 정수로 나눈 나머지 값을 구한다. 만약 어떤 수를 3으로 나눈 나머지가 0이라면 그 수는 3의 배수이다. 6행에 의해 i의 현재 값이 3의 배수라면 그 i를 7행에서 sum에 누적시키고 있다. 이렇게 반복문과 조건문을 함께 사용하여 Java로 다양한 작업을 할 수 있게 된다.

5행~7행에서 한 가지 눈여겨 봐둘 점이 있다. 언뜻 보면 for문에 2행 이상의 실행문이 포함되어 있어 대괄호로 묶어 주어야 하지 않을까 하는 생각이 들 수도 있을 것이다. 하지만 sum += i; 구문은 for문에 속한 것이 아니고 6행의 if문에 속한 것이다. 따라서 for문에 포함된 것은 if문 하나이다. 그러므로 for문에는 대괄호를 할 필요가 없는 것이다. 다음은 소스코드 28의 결과이다.

소스코드 28

```
 1 : public class JavaTest {
 2 :     public static void main(String args[]) {
 3 :
 4 :         int sum = 0;
 5 :         for (int i = 1; i <= 100; i++)
 6 :             if (i % 3 == 0)
 7 :                 sum += i;
 8 :
 9 :         System.out.println(sum);
10 :
11 :     }
12 : }
```

for 반복문의 무한 루프

for 반복문은 초기화, 조건 검사, 업데이트라는 세 개의 사전 정보를 통하여 몇 번 반복을 할 것인지를 지정 후 반복을 실행한다. 한편 다음과 같이 이 세 가지 요소를 지정하지 않고 세미콜론만 두 개를 입력하고 for문을 사용할 수도 있다.

```
for (;;)
   System.out.println("Hello");
```

위 for문은 Hello라는 문자열을 화면에 영원히 출력하게 된다. 즉 for문에서 조건검사를 하지 않기 때문에 영원히 반복된다. 이런 영원한 반복을 무한 루프라고 부른다. 처리할 업무의 특성상 무한 루프가 필요할 경우도 있다. 무한 루프는 특정 상황이 되었을 때 직접 break와 같은 종료 명령을 통하여 반복문을 벗어난다.

 continue와 break

continue와 break문은 반복문과 함께 사용되는 명령어이다. continue는 반복문에 포함된 실행문의 실행을 멈추고 다음 반복 단계를 실행하는 명령이고 break는 반복문을 중지하고 반복문 밖으로 빠져나가는 명령이다.

다음 예의 for문은 무한히 반복되는 무한 루프를 만들고 있다. for문을 시작하기 전에 변수 k에는 0이 배정된다. for문 내에서는 k 값을 출력 후 k >= 2의 조건을 만족할 경우 break; 명령이 실행된다. 하지만 k의 값이 처음에는 0이기 때문에 아직 break; 구문은 실행되지 않는다. 그 후 k++; 구문에 의하여 k는 1로 증가된다. 다시 k 값을 출력 후 다시 k++이 실행되어 k 값은 2로 증가된다. 다시 k의 값 2를 출력 후 이제는 k의 값이 k >= 2의 조건을 만족하므로 break; 구문이 실행된다. break; 구문에 의해서 for 반복문 밖으로 빠져나가면서 for문은 종료된다. 이렇게 특정 시점에 break문을 사용하여 반복문의 루프를 종료할 수 있다. break문은 for문 이외에도 이후에 소개되는 while 반복문과 do while 반복문에서도 동일하게 사용할 수 있다.

```
int k = 0;
for (;;)
{
   System.out.println(k);
   if (k >= 2)
      break;
   k++;
}
```

이번에는 다음 continue문의 예를 보자. 다음 예에서 for문의 i 값은 0부터 9까지 반복하며 변한다. for문 내에서는 매 번 i 값을 출력한다. 그리고 i % 2 = = 1인지 조건을 검사한다. 이 조건이 참이라는 것은 i의 값이 홀수임을 의미한다. i의 값이 홀수일 때마다 continue; 구문이 실행된다. continue문은 더 이상 실행문을 실행하지 않고 다음 반복 단계로 진행한다. 그러므로 i의 값이 홀수일 경우에는 그 아래에 있는 System.out.println("Hello"); 구문을 실행하지 않고 다음 반복을 시작한다. 만약 i의 값이 짝수라면 continue문이 실행되지 않기 때문에 System.out.println("Hello"); 구문이 실행되어 화면에 Hello라는 문자열이 출력된다. 따라서 아래 예에서는 i의 값, 0부터 9까지의 수가 모두 출력되지만 Hello라는 문자열은 i가 짝수인 0, 2, 4, 6, 8 등 다섯 가지 경우에만 출력되어 다섯 번만 출력된다.

```
for (int i=0; i<10; i++)
{
   System.out.println(i);
   if (i % 2 == 1)
      continue;
   System.out.println("Hello");
}
```

다음은 위 예의 출력 결과이다. 짝수인 경우만 문자열 Hello가 숫자에 이어서 출력된 것을 볼 수 있다.

```
0
Hello
1
2
Hello
3
4
Hello
5
6
Hello
7
8
Hello
9
```

 while 반복문 사용 방법

for 반복문은 미리 반복할 횟수를 결정하는 것에 비해 while 반복문은 주어진 조건이 만족되는 한 반복문을 무한히 반복하게 된다. while 반복문의 구조는 다음과 같다. while문의 괄호 안에 주어진 조건이 true라면 무한히 실행문을 실행한다. while 반복문은 괄호 안의 조건이 false가 되는 순간 종료된다. 그림 23은 while 반복문이 실행되는 흐름을 보이고 있다.

```
while (조건)
   실행문;
```

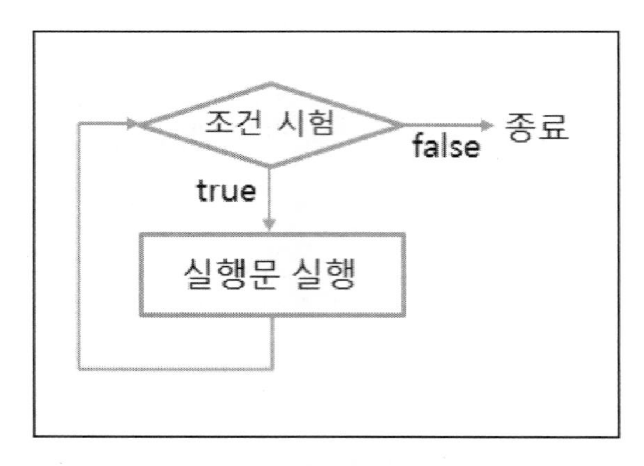

그림 23 _ while문 실행 흐름

for 반복문에 대한 설명을 시작할 때 다음과 같이 화면에 문자열 Hello를 세 번 출력하는 예를 사용한 적이 있다. 이와 동일한 작업을 while 반복문으로 처리해 보자.

```
for (int i=0; i<3; i++)
   System.out.println("Hello");
```

다음 while문은 위의 for문과 정확히 동일한 기능을 수행한다. 먼저 변수 i를 선언하고 i에 0 값을 배정하였다. 이는 for문의 초기화 부분에 해당된다. while문의 괄호 안에서는 i < 3인지의 조건을 검사한다. 즉, 이 조건이 true 이면 반복을 지속한다. 이 조건의 검사는 for문에서 하는 조건검사와 동일하다. while문 내에서는 Hello 문자열을 출력한 후 i++; 구문을 통하여 변수 i의 값을 1 증가시킨다. 이 또한 for문의 업데이트 부분과 동일하다. i 값을 계속 증가시키면서 반복문 내의 실행문들을 실행하다가 while문 괄호 안의 조건이 false가 되는 순간, 즉 i의 값이 3보다 크거나 같아지는 순간 반복문은

종료된다.

```
int i=0;
while (i < 3)
{
    System.out.println("Hello");
    i++;
}
```

for문으로 구현했던 예를 while문으로 작성해보았다. 표현 방법만 다를 뿐 for문과 while문이 처리할 수 있는 기능은 동일하다. 그렇다면 반복문이 하나만 있어도 될 텐데 Java에서는 왜 세 가지 형태의 반복문을 제공할까? 이는 처리할 작업유형에 따라 적합한 반복문의 형태가 달라지기 때문이다. 이런 이유로 Java 이외의 컴퓨터 언어에서도 대부분 이 세 가지 형태의 반복문을 제공하고 있다.

while 반복문 응용 연습 : 계승 구하기

for문으로 구현해보았던 계승 계산 작업을 while 반복문으로 해보자. 소스코드 29의 4행에서는 수를 누적하여 곱할 대상이 되는 변수 fac을 선언하고 이 변수를 1로 초기화시켰다. 5행에서는 반복의 횟수를 처리할 변수 i를 선언하고 1로 초기화시켰다. 7행의 while문 내의 괄호안의 조건 (i <= 10)에 의하여 i가 10에 도달할 때까지는 while문은 반복을 지속한다. while문이 매번 반복할 때마다 9행의 fac *= i; 구문에 의하여 fac에는 1부터 10까지의 수가 누적하여 곱해지게 된다. i 값은 10행의 i++; 구문에 의하여 1씩 증가한다. i가 10이

되는 시점까지는 while문의 실행문들이 실행되고, i가 11이 되는 순간 7행의 조건 (i <= 10)을 불만족하기 때문에 while문은 종료되고 13행에서 계산의 결과 값 fac을 출력한다. 다음은 소스코드 29에 의하여 출력되는 결과 값이다.

```
3628800
```

소스코드 29 **while문으로 계승 계산하기**

```
 1 : public class JavaTest {
 2 :      public static void main(String args[]) {
 3 :
 4 :              int fac = 1;
 5 :              int i = 1;
 6 :
 7 :              while (i <= 10)
 8 :              {
 9 :                      fac *= i;
10 :                      i++;
11 :              }
12 :
13 :              System.out.println(fac);
14 :
15 :      }
16 : }
```

while 반복문 용용 연습 : 구구단 출력하기

while 반복문을 사용하여 2단부터 9단까지의 구구단을 출력해보자. while문에서도 for문에서와 마찬가지로 단을 계산할 변수와 각 단마다 곱셈을 계산할 변수 두 개가 필요하다. 또한 2단부터 9단까지를 반복할 반복문과 그 안에서 각 단에 대하여 1부터 9까지를 곱할 반복문이 필요하다.

소스코드 30의 4행에서는 단을 의미하는 변수 i를 선언하고 2로 초기화시켰다. 5행에서는 각 단마다 곱셈을 담당할 변수 j를 선언하고 1로 초기화하였다. 7행의 while문의 괄호 안에는 변수 i가 9이하인 동안은 계속 반복하는 조건이 기록되어 있다. 8행에서는 매 단의 시작마다 곱셈은 1부터 시작하므로 변수 j를 1로 재설정한다. 9행의 while문은 각 단별 곱셈을 진행할 반복문이다. 11행을 보면 단을 의미하는 변수 i와 곱할 수를 의미하는 변수 j를 사용하여 i와 j를 곱해가며 해당 단의 곱셈 테이블을 출력하고 있다. 12행의 j++; 구문은 곱할 수를 증가시키는 역할을 한다. 14행의 i++; 구문은 단을 증가시키는 기능을 한다.

스스코드 30을 통하여 while 반복문도 for 반복문에서와 같이 반복문 속에 반복문이 들어가는 중첩 루프가 가능함을 알 수 있었다. 구구단을 구하는 작업은 while문을 통해 구현하는 것보다는 for문을 사용할 때가 더 간결하게 구현된다. 이렇듯이 어떤 작업을 처리할 때 어떤 반복문을 사용하는 것이 효율적인지를 판단할 필요가 있다.

소스코드 30 **while문으로 구구단 2단부터 9단까지 출력하기**

```
 1 : public class JavaTest {
 2 :       public static void main(String args[]) {
 3 :
 4 :                  int i = 2;
 5 :                  int j = 1;
 6 :
 7 :                  while (i <= 9){
 8 :                            j = 1;
 9 :                            while (j <= 9)
10 :                            {
11 :                                      System.out.println(i + " x " + j +
     " = " + (i*j));
12 :                                      j++;
13 :                            }
14 :                            i++;
15 :                            System.out.println();
16 :                  }
17 :
18 :        }
19 : }
```

do while 반복문 사용 방법

do while 반복문도 for 반복문이나 while 반복문과 같이 필요한 작업을 반복하여 처리하는 기능을 지원한다. for, while, do while 반복문은 표현 형태만 다를 뿐 처리할 수 있는 작업은 서로 호환된다. 즉, 어떤 반복문을 사용하더라도 동일한 기능을 구현할 수 있다. 처리할 작업에 따라서 이 세 가지 중 가장 편리한 반복문을 선택하여 사용하면 된다.

do while문의 실행 구조는 다음과 같다. do while문에서도 실행문이 하나인 경우에는 괄호가 필요 없지만 하나의 실행문만 포함하는 경우는 의미가 없기 때문에 다음과 같이 괄호를 포함한 모양을 기억해두는 것이 편리하다. 그림 24에서는 do while 반복문의 흐름도를 보여주고 있다. while 반복문과 do while 반복문과 차이는 조건을 점검하는 시점에 있다. while문에서는 조건을 먼저 검사하지만, do while문에서는 먼저 실행문을 실행하고 조건을 검사한다.

```
do {
   실행문;
} while (조건)
```

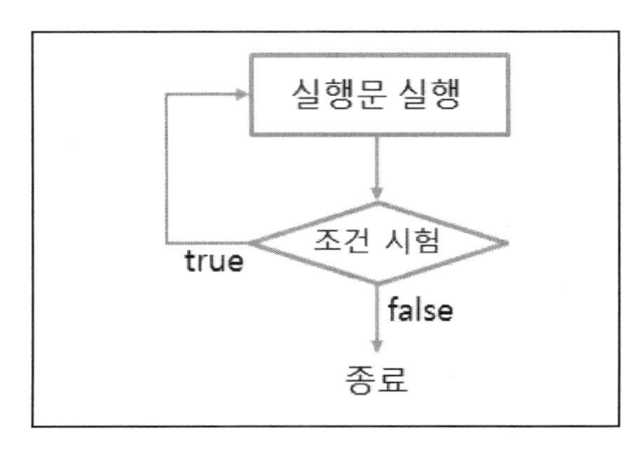

그림 24 _ do while문 실행 흐름

do while 반복문에서도 화면에 문자열 Hello를 세 번 출력하는 코드를 작성해보기로 한다. 다음은 이 작업을 위하여 for문에서 사용했던 코드이다.

```
for (int i=0; i<3; i++)
   System.out.println("Hello");
```

다음 do while문은 위의 for문과 정확히 동일한 기능을 수행한다. 먼저 변수 i를 선언하고 i에 0 값을 배정하였다. do while문에서는 for문이나 while문과는 달리 조건을 검사하기 전에 먼저 실행문을 실행하므로 화면에 Hello 문자열을 출력한다. 그 후 i++; 구문에 의하여 i값은 1로 증가한다. 아직 i < 3 조건을 만족하므로 다음 반복에서 화면에 다시 Hello 문자열을 출력하고 i의 값은 2로 증가한다. 아직 i < 3 조건을 만족하므로 다음 반복에서 화면에 Hello 문자열을 출력 후 i 값을 3으로 증가시킨다. 이제 i 값이 3이 되어 i < 3의 조건을 만족시키지 않게 되므로 do while 반복문은 종료된다. Hello 문자열은 총 세 번 출력되었다.

```
int i=0;
do  {
      System.out.println("Hello");
      i++;
} while (i < 3);
```

do while 반복문 응용 연습 : 계승 구하기

for 반복문과 while 반복문을 통해서 구현해보았던 계승 계산을 do while 반복문을 사용해서도 작성해보자. 동일한 기능을 세 개의 반복문으로 모두 표현해봄으로써 반복문 간의 특성을 이해할 수 있다. 소스코드 31의 4행에서는 1부터 10까지 변하며 반복을 진행할 변수 i를 선언하고 1로 초기화하였다. 5

행에서는 수를 누적하여 곱할 변수 fac을 선언하고 1로 초기화하였다. 7행에서는 do while문이 시작된다. 8행에서는 각 반복 시마다 i의 값을 누적 변수 fac에 곱한다. 9행에서는 i의 값을 증가시킨다. 10행에서는 i의 값이 10보다 작거나 같은 경우까지 다음 반복을 진행하도록 조건 검사를 한다. 8행에서 i가 10이 되는 순간 경우 fac에 곱해주고 9행에서 i++; 구문을 실행하고 나면 i값은 11로 증가되고 10행의 조건 i <= 10을 만족하지 않으므로 do while문은 종료된다. 다음은 소스코드 31에서 출력되는 결과이다.

```
3628800
```

소스코드 31 **do while문으로 계승 계산하기**

```
 1 : public class JavaTest {
 2 :       public static void main(String args[]) {
 3 :
 4 :             int i = 1;
 5 :             int fac = 1;
 6 :
 7 :             do {
 8 :                   fac *= i;
 9 :                   i++;
10 :             } while (i <= 10);
11 :
12 :             System.out.println(fac);
13 :
14 :       }
15 : }
```

 do while 반복문 용용 연습 : 구구단 출력하기

이번에는 do while 반복문을 사용하여 2단부터 9단까지의 구구단을 출력해 보자. 소스코드 32의 4행에서는 2단부터 9단까지 반복을 처리할 변수 i를 선언하고 그 값을 2로 초기화해 놓았다. 구구단은 2단부터 시작되기 때문이다. 5행에서는 각 단마다 1부터 9까지 반복하며 곱할 수를 의미하는 변수 j를 선언하고 1로 초기화하였다. 7행에서 do while 반복문은 시작된다. 8행에서는 매 단마다 다시 1부터 곱해야 하기 때문에 변수 j를 1로 재설정하였다. 9행에서는 각 단별 곱셈이 시작된다. 10행에서는 단을 의미하는 i와 곱할 수를 의미하는 j를 사용하여 곱셈 테이블을 출력하고 있다. 12행의 조건에 의하여 j가 9에 도달하면 한 단의 출력은 종료된다. 13행의 i++; 구문에 의하여 다음 단으로 진행된다. 14행은 각 단이 끝난 후 공백 라인을 출력하여 각 단간의 구분하여 출력하도록 하고 있다. 15행의 i <= 9조건에 의하여 9단까지만 출력하고 i가 10이 되는 순간 do while 반복문은 종료된다.

소스코드 32 **do while문으로 구구단 2단부터 9단까지 출력하기**

```
 1 : public class JavaTest {
 2 :   public static void main(String args[]) {
 3 :
 4 :                int i = 2;
 5 :                int j = 1;
 6 :
 7 :                do {
 8 :                            j = 1;
 9 :                            do {
10 :                                        System.out.println(i + " x " + j +
     " = " +(i*j));
```

```
11 :                                 j++;
12 :                         } while (j <= 9);
13 :                         i++;
14 :                         System.out.println();
15 :                 } while (i <= 9);
16 :
17 :     }
18 : }
```

연 습 문 제

1. 1/1 + 1/2 + 1/3 + … + 1/100까지의 값을 계산하는 코드를 작성하시오.

2. 주어진 양의 정수가 소수(Prime Number)인지 아닌지를 판별하는 코드를 작성하시오.

3. 다음과 같은 규칙의 피보나치 수열에서 임의의 항을 입력받아 그 항에 해당하는 피보나치 수를 출력하는 코드를 반복문을 사용하여 적성하시오.

항	0	1	2	3	4	5	6	…
피보나치 수	0	1	2	3	5	8	13	…

4. for문을 두 개 사용하여 구구단을 2단부터 9단까지 사용하는 코드를 작성하시오.

5. for문을 한 개 사용하여 구구단을 2단부터 9단까지 사용하는 코드를 작성하시오.

JAVA

배열

6장
배열

 배열이란?

2장에서 변수는 어떤 값을 저장하기 위하여 메모리의 빈 영역을 얻어서 사용하는 과정이라고 설명되었다. 다음은 2장에서 변수에 대하여 설명된 내용이다.

"변수는 메모리라는 호텔의 빈 방을 얻고, 얻어진 방에 자료를 저장하고, 다 사용한 후에는 다시 메모리를 반납하기 위한 절차를 따른다. Java 프로그램에서 변수를 선언하는 부분이 실행될 때 Java 프로그램에서는 자료를 저장할 변수 크기만큼의 빈 메모리 공간을 운영체제(예: 윈도우)에게 요청한다. 운영체제는 메모리를 조사하여 사용되고 있지 않는 빈 공간을 변수에게 할당해준다. 이는 마치 호텔 프론트 데스크에서 관리자가 빈방을 조사하여 손님에게 제공해주는 것과 같은 형태이다. Java 프로그램에서는 변수에 자료를 저장하거나 처리하고 변수의 사용이 끝나면 사용했던 메모리 공간은 다시 운영체제에 반납되어 다시 다른 프로그램에서 재사용할 수 있게 된다."

배열도 변수와 마찬가지로 자료를 저장하기 위하여 메모리의 빈 영역을 얻는 작업을 한다. 메모리의 빈 영역을 얻어서 필요한 자료를 저장을 하고, 메모리의 사용이 완료된 후 반납하는 과정은 변수나 배열이나 동일하다. 배열이 변수와 다른 점은 빈 메모리를 할당 받을 때 변수는 한 번에 한 개씩 받는 반면 배열은 원하는 개수만큼 한꺼번에 할당받는다는 점이다.

이를 호텔 예약에 비유해 보면 변수는 개인 고객이고 배열은 단체 고객으로 설명될 수 있다. 그림 25를 보면 변수의 경우 호텔 관리자에게 방 1개의 빈 방을 요청하고 방 1실을 배정받는다. 반면 배열의 경우에는 단체 고객의 경우에 해당하며 여러 개의 빈 방을 한꺼번에 요청하면 메모리는 빈방을 찾아서 여러 실을 한꺼번에 고객에게 배정하고 있다.

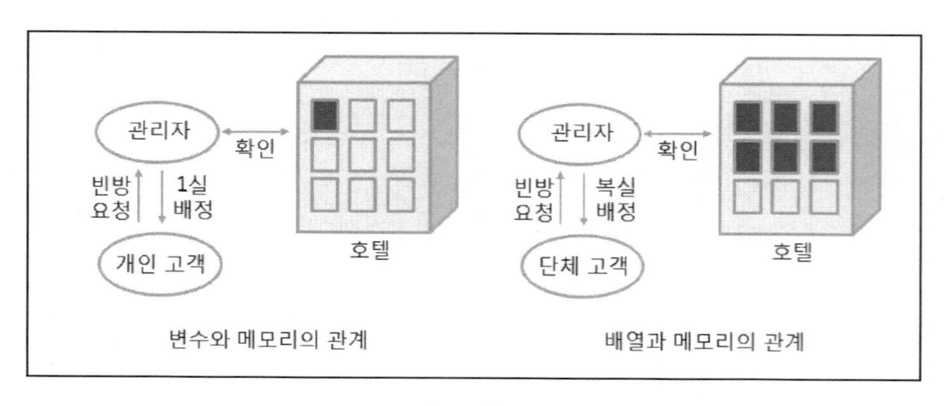

그림 25 _ 변수 및 배열과 메모리의 관계

예를 들어 변수를 사용하여 3명의 성적을 처리하는 경우에는 다음과 같이 변수를 선언할 수 있다.

```
int person1, person2, person3;
```

사람 수가 늘어나서 10명이 될 경우 변수를 사용하여 처리하는 경우에는 다음과 같이 10개의 변수를 선언할 수 있다.

```
        int person1, person2, person3, person4, person5, person6, person7,
person8, person9, person10;
```

만약, 변수를 사용하여 500명의 성적을 처리하는 경우에는 변수를 어떻게 선언할 수 있을까? 이 경우 변수를 필요한 수만큼 선언하는 것은 어려운 일이다.

이런 경우를 위하여 배열이 사용된다. 배열을 사용하면 변수와 같이 처리할 각 데이터에 대하여 각각 메모리를 얻지 않고, 필요한 데이터 수만큼의 메모리 영역을 한꺼번에 얻게 되어 편리하다.

1차원 배열 사용방법

Java에서 배열을 사용하는 방법은 복잡하지 않다. 중요한 점은 배열의 사용과 함께 배열이 메모리를 사용하는 구조를 잘 이해해야 한다는 점이다. 배열을 사용하는 방법을 먼저 간단하게 살펴보자. 지금 살펴볼 배열은 배열 내의 값들이 선형으로 나열되는 1차원 배열이다.

배열을 선언하는 방법은 다음과 같다. 배열내에 넣고자 하는 자료형을 먼저 쓰고 그 다음에 배열 이름을 쓴다. 이 때 배열 이름 뒤에는 [] 괄호를 붙여준다. [] 괄호는 선언된 이름이 배열임을 의미한다.

```
배열에 넣을 자료형  배열이름[];

(예) int num[];
     float value[];
     char data[];
```

이렇게 배열의 이름을 선언하는 것으로 배열을 사용할 준비가 끝난 것은 아니다. 아직 값들을 저장할 실제 메모리를 할당받지 않은 상태이기 때문이다. 호텔 예약에 비유하자면 단체로 방을 예약한 사람의 이름은 알려주었지만, 아직 단체 고객이 사용할 방은 배정되지 않은 상태라고 할 수 있다. 다음과 같이 값을 저장할 셀(방)을 필요한 수만큼 요구하여 할당받아야 한다. 호텔 예약의 과정에서 실제 필요한 수만큼 빈 방을 배정받는 것과도 같다. 메모리 할당을 의미하는 new라는 키워드, 배열의 자료형, 그리고 [] 괄호 속에 필요한 셀의 수를 기술하면 된다.

```
배열이름 = new 자료형 [셀의 수];

(예) num = new int [5];           // int형을 저장하기 위한 셀 5개 할당
     value = new float [20];      // float형을 저장하기 위한 셀 20개 할당
     data = new char [500];       // char형을 저장하기 위한 셀 500개 할당
```

위에서는 단계별 이해를 위하여 배열의 선언과 메모리 할당을 별도의 행에서 나누어 처리하였다. 보통의 경우에는 다음과 같이 두 가지 작업을 한 행에서 간단하게 처리한다.

```
int num[] = new int[5];
float vlaue[] = new float [20];
char data[] = new char[500];
```

배열의 선언 방법과 배열에 메모리를 할당하는 방법을 알아보았다. 이제는 정수형 배열을 예로 하여 배열을 사용하는 방법을 알아보자. 배열을 사용할 때는 배열이름 우측에 [] 괄호를 쓰고 [] 괄호 안에 셀 번호를 넣으면 된다. 셀 번호는 0번부터 시작하므로 총 셀의 개수가 5개라면 실제 셀 번호는 0번부터 4번까지 존재한다. 아래 예에서는 정수형을 저장할 5개의 셀을 가진 num이라는 배열을 선언하고, 메모리를 할당 받은 후, 각 셀에 30, 50, -100, 30000, 38 등의 정수 값을 배정하고 있다. 배열은 선언하는 단계와 접근하는 절차만 변수와 차이점이 있을 뿐 사용하는 방법은 변수와 다르지 않다.

```
int num[] = new int[5];    // 배열 선언 및 메모리 할당


num[0] = 30;
num[1] = 50;
num[2] = -100;
num[3] = 30000;
num[4] = 38;
```

위에서 배열에 넣은 값을 다양한 방법으로 사용해보자. 다음과 같이 변수를 사용하는 방법과 동일한 모든 작업을 할 수 있음을 알 수 있다.

```
// num[3]에 저장된 값을 출력한다.
System.out.println( num[3] );
```

```
// num[0]에 들어 있는 값을 1 증가시킨다.
num[0]++;

// num[1]과 num[2]의 값을 더하여 num[1]에 저장한다.
num[1] = num[1] + num[2];

// num[4]의 값이 짝수인지 홀수인지 판단하여 출력한다.
if (num4[] % 2 == 0)
    System.out.println("짝수");
else
    System.out.println("홀수");
```

배열의 셀 번호는 num[2], num[4]와 같이 배열의 인덱스를 직접 수로 지정할 수도 있지만 다른 변수를 인덱스로 사용해도 기능은 동일하다. 위의 예의 num[4]의 값을 변경할 경우 [ ] 괄호 안에 다음과 같이 변수를 사용할 수도 있다. n에는 4가 배정되어 있다. 그러므로 num[n]은 num[4]와 동일한 의미가 된다.

```
int n = 4;
num[n] = 500;
```

이를 더 응용하여 배열의 [ ] 괄호 안에 반복문의 변수를 넣으면 배열을 더욱 편리하게 사용할 수 있다. 다음 for문은 변수 i의 값이 0부터 4까지 변경되며 반복이 이루어진다. 매번 반복될 때마다 각 i 값에 대하여 num[i]를 출력하기 때문에 배열 num[0], num[1], num[2], num[3], num[4] 등 배열의 모든 셀이 출력된다.

```
// num[0]부터 num[4]까지의 모든 값을 for문을 사용하여 출력
for (int i=0; i<5; i++)
    System.out.println(num[i]);
```

배열이 할당 받은 셀의 개수가 크거나 사용하고 있는 배열이 여러 개인 경우에는 어떤 배열에 몇 개의 셀이 할당되어 있는 지를 모두 기억하고 사용하기가 어렵다. 이런 경우를 위하여 Java에서는 배열의 길이(셀의 수)를 알 수 있는 방법을 제공한다. 다음과 같이 배열의 이름 옆에 '.' 기호화 함께 length라고 쓰면 된다.

```
배열이름.length
```

그러므로 위에서 선언한 배열에 대하여 다음과 같은 구문을 쓰면 출력 결과는 5가 될 것이다. 배열 num이 할당받은 셀의 수가 5개이기 때문이다.

```
System.out.println( num.length );
```

length를 다음과 같이 for문과 함께 사용하면 배열 처리 작업을 할 때 배열이 가지고 있는 셀의 개수를 매번 확인할 필요가 없어서 편리하다.

```
// num.length를 사용하면 배열의 개수를 직접 쓸 필요가 없음
for (int i=0; i<num.length; i++)
    System.out.println(num[i]);
```

배열의 선언 방법과 사용방법을 살펴보았다. 위의 설명에서는 배열의 선언에 이어 배열 이름에 셀의 수만큼 메모리를 할당받는 작업을 new라는 키워

드를 사용하여 직접 해주었다. 배열의 선언 시 다음과 같이 배열에 넣고자 하는 값을 대괄호 속에 나열해주면, 별도로 new 키워드를 사용하여 메모리를 할당받을 필요 없이 자동으로 필요한 셀의 수만큼 메모리가 할당된다. 배열에는 나열한 값들이 배정된다. 선언 방법에만 차이가 있을 뿐 이렇게 값을 나열하여 메모리를 할당받은 배열도 사용 방법은 같다.

```
// 배열의 선언과 함께 값을 배정함으로써 자동으로 메모리가 할당됨
int num[] = {30, 50, -100, 30000, 38};
```

1차원 배열 응용 : 배열의 합 구하기

1차원 배열을 응용한 예를 만들어보자. 위에서와 동일하게 5개의 셀을 가진 배열 num을 선언하고 이 배열의 값도 위와 동일하게 배정한다. 본 예에서는 이 배열 내에 존재하는 모든 셀이 가지고 있는 값의 합을 구해본다. 소스코드 33의 4행에서는 배열 num을 선언하며 정수 5개를 배정하였다. 6행에서는 합을 누적시킬 변수 sum을 선언하고 값은 0으로 초기화시켰다. 7행에서는 for문의 변수 i를 0부터 4까지 변경하면서 반복을 실행한다. 8행에서는 반복될 때마다 각 i값에 대하여 sum += num[i]; 구문을 통하여 sum에 배열의 각 셀의 값을 누적시킨다. 10행에서는 배열의 각 셀의 값들이 누적된 변수 sum이 출력되며, 출력 결과는 30018이 된다.

소스코드 33 **1차원 배열의 합 구하기**

```
 1 : public class JavaTest {
 2 :       public static void main(String args[]) {
 3 :
 4 :              int num[] = { 30, 50, -100, 30000, 38 };
 5 :
 6 :              int sum = 0;
 7 :              for (int i=0; i<num.length; i++)
 8 :                     sum += num[i];
 9 :
10 :              System.out.println("배열의 합: " + sum);
11 :
12 :       }
13 : }
```

1차원 배열 응용 : 최대값 구하기

앞의 예를 조금 더 응용한 형태로서 배열 내의 값들 중 최대값을 알아내는 코드를 작성해보자. 본 예에서는 배열 내의 셀의 개수가 5개 정도이므로 눈으로 최대값을 찾아낼 수 있겠지만, 셀의 수가 매우 많아진다면 반복문을 사용하지 않고서는 최대값을 찾아내기가 힘들어진다.

소스코드 34의 4행에서는 배열 num을 선언하며 5개의 정수를 배정하였다. for문을 사용하여 배열의 셀들을 하나씩 검사해보기 전에 6행에서는 일단 num[0]를 최대값으로 가정하고 변수 max에 배정하였다. 이제부터는 2번 셀부터 배열의 마지막 셀까지 검사하며 max에 기억되어 있는 값보다 더 큰 수가 나타나면 변수 max의 값을 그 수로 변경해주는 작업만 하면 된다. 이런 방법으로 for문이 종료된 후에 max에는 배열 내의 수 중 가장 큰 수가 남아 있게 된다. for문 내의 8행을 보면 max에 저장된 값보다 더 큰 값이 존재하는 지를 검사하고 있다. 이 조건이 만족하면 새로 나타난 값 num[i]가 그 때까지의 최대값으로 가정했었던 max 값보다 더 크다는 것을 의미하므로 9행에서 max의 값을 num[i]로 변경해주고 있다. 한편 7행의 for문 내에서는 변수 i의 값을 0부터 시작하지 않고 1부터 시작한 것을 볼 수 있는데, 이는 이미 num[0]을 최대값으로 가정하고 max에 배정해놓았기 때문에 0번 셀은 검사할 필요가 없기 때문이다. 소스코드 34의 실행을 통해 출력되는 결과는 30000이 된다.

소스코드 34 **1차원 배열의 최대값 구하기**

```
 1 : public class JavaTest {
 2 :       public static void main(String args[]) {
 3 :
 4 :              int num[] = { 30, 50, -100, 30000, 38 };
 5 :
 6 :              int max = num[0];
 7 :              for (int i=1; i<num.length; i++)
 8 :                     if (num[i] > max)
 9 :                            max = num[i];
10 :
11 :              System.out.println("최대값: " + max);
12 :
13 :       }
14 : }
```

다차원 배열 사용방법

지금까지 살펴본 배열은 셀이 일렬로 나열되는 형태를 가진 1차원 배열이다. Java에서는 2차원, 3차원 4차원 등의 배열을 사용할 수 있다. 다차원 배열의 경우에도 메모리 내에서 물리적으로는 1차원적 형태로 배치되겠지만, Java 내에서 접근을 하는 방식은 다 차원 형태를 취하므로 다차원 배열이라고 불린다. 3차원 이상의 다차원 배열도 사용방법은 2차원 배열과 같다.

2차원 배열을 선언하는 방법은 다음과 같다. [ ] 괄호가 두 개인 점이 1차원 배열과 다르며 [ ] 괄호의 수가 차원의 수를 의미한다.

```
배열에 넣을 자료형  배열이름[][];

(예) int num[][];
     float value[][];
     char data[][];
```

1차원 배열에서와 마찬가지로 이렇게 배열의 이름을 선언하는 것만으로 배열을 사용할 준비가 끝난 것은 아니다. 아직 값들을 저장할 실제 메모리를 할당받지 않은 상태이기 때문이다. 다음과 같이 new 키워드를 사용하여 선언된 배열 이름에 메모리를 할당해 주어야 한다. new 키워드 다음에 셀에 저장될 자료형을 쓰고 [ ] 괄호 두 개의 안쪽에 각 차원별로 필요한 셀의 수를 기록한다.

```
배열이름 = new 자료형 [셀의 수][셀의 수];
```

```
(예) num = new int [2][3];
     value = new float [20][20];
     data = char [500][800];
```

1차원 배열에서 이 두 작업을 합하여 한 번에 처리했던 것과 마찬가지로 2차원 배열 이상 다차원 배열에서도 동일하게 처리할 수 있다.

```
(예) int num[][] = new int [2][3];
     float value[][] = new float [20][20];
     char data[][] = char [500][800];
```

위에서 선언한 2차원 정수 배열 num에 값을 배정하는 방법을 알아보자. 2차원 배열에서는 셀의 번호를 행과 열 방향으로 각각 지정해야 하므로 [] 괄호가 2개 사용된다. 다음과 같이 [] 괄호 두 개 안에 각각 행 번호와 열 번호를 넣는 과정만 1차원 배열과 차이가 있을 뿐 값을 배정하거나 사용하는 기타 작업은 동일하다.

```
num[0][0] = 40;
num[0][1] = 90;
num[0][2] = 10;
num[1][0] = -50;
num[1][1] = 70;
num[1][2] = 35;
```

또한 선언과 함께 값을 배정할 경우 별도로 new 키워드를 사용하여 메모리 할당을 별도로 처리할 필요가 없어진다. 단, 2차원 배열의 경우에는 한 차원이 늘어났기 때문에 다음과 같이 대괄호 {}가 두 개 사용된다.

```
int num[][] = {
    {40, 90, 10},
    {-50, 70, 35}
};
```

2차원 배열의 경우에는 우리가 눈으로 인식할 때 가로, 세로 형태의 배치를 가지므로 가로로 나열되는 방향을 행이라고 부르고 세로로 나열되는 방향을 열이라고 부른다. 위에서 생성된 2차원 배열은 그림 26과 같이 2행 x 3열의 형태로 형상화할 수 있다.

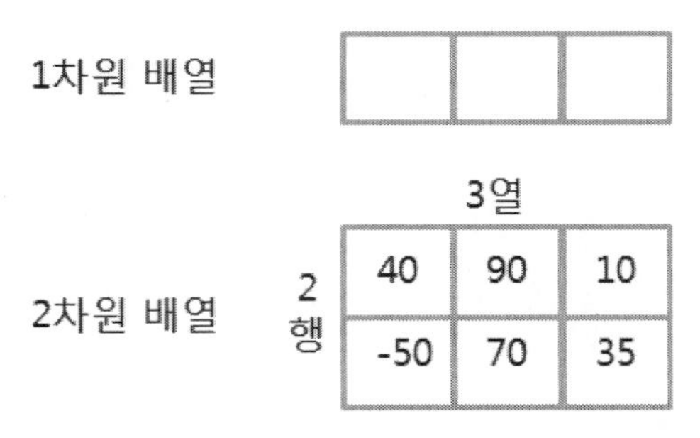

그림 26 _ 1차원 배열과 2차원 배열의 형상

2차원 배열에 접근하는 방법을 알아보자. 위에서 선언한 2차원 배열 num에 대하여 다음과 같이 출력을 하면 어떤 수가 출력될까? 두 개의 [] 괄호 중 먼저 나오는 것이 행을 의미한다. 따라서 num[1][2]는 1행, 2열의 셀을 의미한다. 행이나 셀 모두 시작 번호는 0이기 때문에 num[1][2] 셀의 값은 70이 된다.

```
System.out.println( num[1][2] );
```

 for문으로 2차원 배열 출력해보기

1차원 배열의 모든 셀들을 출력할 때는 for 반복문 한 개를 사용했었다. 셀들이 1차원 형태로 나열되어 있었기 때문이다. 2차원 배열의 경우 셀들은 행과 열 두 개의 방향으로 나열되어 있다. 따라서 2차원 배열의 모든 셀들을 출력하기 위해서는 두 개의 중첩된 for 반복문이 필요하다. 물론 for문 하나와 간단한 계산 공식을 사용하면 for문 하나로도 처리가 가능한 방법도 있지만 Java를 처음 배우는 입장에서는 추가적인 테크닉은 배제하기로 한다.

소스코드 35에서 4행과 5행에서는 값의 배정을 통하여 2 x 3 크기의 배열을 선언하였다. 8행의 for문은 모든 행을 열거하기 위한 반복문이다. 그 안에 들어 있는 9행의 for문은 모든 열을 열거하기 위한 반복문이다. 8행의 for문의 각 i, 즉 행 번호에 대하여 9행의 for문에서는 그 행에 대한 모든 열을 j로 반복하며 해당 셀의 값을 출력한다.

소스코드 35 **2차원 배열 출력하기**

```
 1 : public class JavaTest {
 2 :      public static void main(String args[]) {
 3 :
 4 :            int num[][] = { { 40, 90, 10 },
 5 :                            { -50, 70, 35 }
 6 :                          };
 7 :
 8 :            for (int i = 0; i < 2; i++)
 9 :                  for (int j = 0; j < 3; j++)
10 :                        System.out.println( num[i][j] );
11 :
12 :      }
13 : }
```

2차원 배열 응용 : 배열의 합 구하기

1차원 배열에 적용했던 예를 2차원 배열에도 적용해보자. 2차원 배열 내의 모든 셀의 값을 구하기 위하여 2차원 배열에 접근하는 방법은 소스코드 35의 방법을 그대로 사용하면 된다. 소스코드 36의 8행에서는 셀들의 값을 누적시킬 변수 sum을 선언하고 0으로 초기화하였다. 10행과 11행에서는 2차원 배열의 행과 열의 탐색을 위한 for문이 두 개 실행된다. 12행에서는 각 셀 값 num[i][j]를 변수 sum에 누적시키고 있다. 14행에서는 출력되는 sum의 값은 195가 된다.

소스코드 36 **2차원 배열의 합 구하기**

```
 1 : public class JavaTest {
 2 :      public static void main(String args[]) {
 3 :
 4 :            int num[][] = { { 40, 90, 10 },
 5 :                            { -50, 70, 35 }
 6 :                          };
 7 :
 8 :            int sum = 0;
 9 :
10 :            for (int i = 0; i < 2; i++)
11 :                     for (int j = 0; j < 3; j++)
12 :                              sum += num[i][j];
13 :
14 :            System.out.println( sum );
15 :
16 :      }
17 : }
```

2차원 배열 응용 : 배열의 최대값 구하기

이 예도 역시 1차원 배열에 적용해 보았던 것이다. 2차원 배열의 셀을 모두 방문하며 최대값을 찾아보자. 소스코드 37에서 2차원 배열 num의 모든 행과 열에 있는 셀을 검사하는 for문을 시작하기 전에, 8행에서는 가장 첫 번째 값인 num[0][0]을 최대값으로 가정하고 변수에 max에 배정하였다. 그 후에는 배열 num의 모든 셀을 검사하기 위하여 10행과 11행의 반복문이 시작된다. 12행에서는 변수 max의 값보다 더 큰 값을 가지고 있는 셀이 나타나는지를 검사한다. 만약 num[i][j] 〉 max 조건을 만족하는 num[i][j]가 나타나면 그 값이 더 큰 값이므로 최대값을 기록해놓기 위한 변수 max의 값을 num[i][j] 값으로 변경해준다. 두 개의 for문이 종료되고 나면 변수 max에는 배열 num의 셀들이 가지고 있는 값들 중 가장 큰 값이 남아있게 된다. 이 값은 15행에서 출력되며, 출력 결과는 70이 된다.

소스코드 37 **2차원 배열의 최대값 구하기**

```
 1 : public class JavaTest {
 2 :      public static void main(String args[]) {
 3 :
 4 :            int num[][] = { { 40, 90, 10 },
 5 :                            { -50, 70, 35 }
 6 :                          };
 7 :
 8 :            int max = num[0][0];
 9 :
10 :            for (int i = 0; i < 2; i++)
11 :                     for (int j = 0; j < 3; j++)
12 :                              if ( num[i][j] > max)
```

```
13 :                                      max = num[i][j];
14 :
15 :            System.out.println( max );
16 :
17 :      }
18 : }
```

2차원 배열에서 length 사용하기

1차원 배열에서 length는 그 배열의 크기 즉, 그 배열이 가지는 셀의 수를 의미했었다. 다음과 같은 1차원 배열의 경우 출력되는 length의 값은 10이 된다. 셀의 개수가 10개이기 때문이다.

```
int  data[] = int [10];
System.out.println( data.length );
```

2차원 배열에서도 배열의 크기를 알아내기 위하여 length를 사용할 수 있다. 그렇다면 2차원 배열의 length는 행의 크기를 의미할까? 열의 크기를 의미할까? 다음과 같은 2차원 배열 num의 경우 num.length는 배열의 행의 수를 의미한다. 그러므로 num.length는 2가 된다. 그 다음 열의 수를 셀 때는 각 행별로 length를 적용한다. 예를 들어 0번째 행의 열의 수는 num[0].length가 된다. 따라서 num[0].length는 3이 된다. 0번째 행의 열의 개수는 3이기 때문이다

```
int num[][] = {
    {40, 90, 10},
    {-50, 70, 35}
  };
```

위의 배열에 대하여 다음의 출력결과는 각각 2, 3, 3이 된다.

```
System.out.println( num.length);
System.out.println( num[0].length);
System.out.println( num[1].length);
```

length를 이용할 경우 소스코드 37은 소스코드 38과 같이 표현될 수 있다. 소스코드 38의 11행을 유의하여 보자. 각 행 i에 대하여 열의 수를 num[i].length와 같이하여 얻고 있다.

소스코드 38 **2차원 배열에서 length 사용하기**

```
 1 : public class JavaTest {
 2 :       public static void main(String args[]) {
 3 :
 4 :             int num[][] = { { 40, 90, 10 },
 5 :                             { -50, 70, 35 }
 6 :                           };
 7 :
 8 :             int max = num[0][0];
 9 :
10 :             for (int i = 0; i < num.length; i++)
11 :                   for (int j = 0; j < num[i].length; j++)
12 :                         if ( num[i][j] > max)
```

```
13 :                                    max = num[i][j];
14 :
15 :              System.out.println( max );
16 :
17 :       }
18 : }
```

배열 이름과 참조 변수

지금까지 배열에 대해 설명을 진행해 오면서 배열 이름이라는 용어를 사용해 왔다. 사실 배열 이름도 하나의 변수이다. 그리고 변수이므로 값을 가진다. 그렇다면 배열의 이름은 어떤 값을 가질까? 다음과 같이 배열 이름이 선언된 상태에서는 num이라는 변수는 어떤 의미가 있는 값을 가지지는 않는다.

```
int num[];
```

다음과 같이 배열의 셀들을 위한 메모리 공간을 생성한 후 num에 그 메모리 공간을 배정하는 작업은 생성된 메모리의 시작 주소를 변수 num에 배정하는 작업이다. 이를 시각적으로 표현하면 그림 27과 같다. 메모리에는 정수를 저장할 셀 3개 크기의 공간이 생성되고 그 공간의 시작주소가 550번지라고 가정하자. 배열의 이름 num에는 그 시작주소 550이 저장된다. 즉 num은 배열이 생성된 메모리 위치를 주소값으로 참조하고 있다. 이런 이유로 배열이름의 정식 명칭은 배열 참조 변수이다.

```
num = new int [3];
```

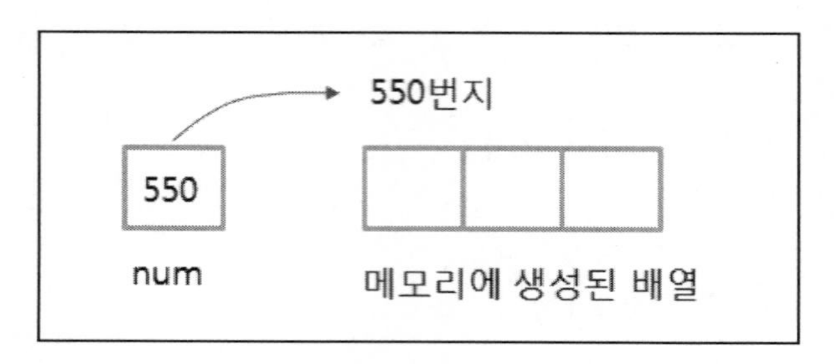

그림 27 _ 배열의 참조변수

연 습 문 제

1. 다음 정수 배열에 들어있는 수들의 합을 구하시오.

```
int num[] = {10, 43, 81, 32, 47, 258, 15, 500, 71, 139};
```

2. 다음 정수 배열에 들어있는 수들 중 홀수들의 합을 구하시오.

```
int num[] = {10, 43, 81, 32, 47, 258, 15, 500, 71, 139};
```

3. 다음 정수 배열에 들어있는 수들 중 소수(Prime Number)들의 합을 구하시오.

```
int num[] = {10, 43, 81, 32, 47, 258, 15, 500, 71, 139};
```

4. 다음 정수 배열에 들어있는 수들의 표준편차를 구하시오.

```
int num[] = {10, 43, 81, 32, 47, 258, 15, 500, 71, 139};
```

5. 다음 정수 배열에 들어있는 수들의 값이 배열에 역방향으로 배치되도록 만드는 코드를 작성하시오.

```
int num[] = {1, 2, 3, 4, 5, 6, 7, 8, 9, 10};
```

예: num[0]의 값은 10, num[1]의 값은 9, num[2]의 값은 8 …
num[9]의 값은 1이 되도록 함.

JAVA

메소드

7장

메소드

 메소드란?

메소드(method)의 개념을 정확히 설명하기 위해서는 8장에서 설명될 클래스에 대한 개념이 먼저 필요하다. 메소드는 클래스를 구성하는 요소이기 때문이다. 하지만 본서에서는 Java의 기본 요소에 대한 설명을 시작으로 점차 구조를 확장해나가는 방식을 사용하고 있으므로, 클래스와 관련된 부분은 잠시 미루고 메소드의 기능적인 면을 위주로 살펴보기로 한다.

메소드는 어떤 작업을 처리해주는 하나의 모듈 혹은 서브루틴으로서, 메소드 내에 작업 실행에 필요한 구문들을 기록해 놓고 메소드가 호출되면 이 구문들을 실행해준다.

메소드를 조금 더 쉬운 예에 비유하자면 회사의 직원에 비유할 수 있다. 회사의 다양한 업무를 사장 혼자서 다 처리할 수는 없다. 그래서 여러 직원을 두고 고유한 업무들을 처리하도록 한다. 회사를 Java 프로그램(혹은 8장에서 설명될 클래스)에 비유하자면 직원은 메소드에 비유할 수 있다.

 메소드의 구조

메소드는 다음과 같은 구조로 구성된다. 접근 제한자는 8장에서 설명될 것이다. 본 장에서는 반환형, 메소드이름, 매개변수 그리고 메소드의 호출 방법 등에 대해서 이해를 해보자.

```
접근제한자 반환형 메소드이름 (매개변수)
{
    실행문;
}
```

 메소드 만들어 보기

먼저 6장의 배열을 학습할 때까지 사용한 소스코드를 살펴보자. 별도의 설명은 없었지만 우리는 JavaTest라는 클래스 안에 있었고, 그 클래스 안에 있는 main()이라는 메소드 안에서 Java 구문들을 입력해왔었다. 소스코드 39를 보면 1행에서 JavaTest라는 클래스가 선언된 것이 보이고, 9행에 main() 메소드가 선언된 것이 보인다.

소스코드 39의 3행에서는 firstMethod()라는 이름의 메소드를 선언하였다. 메소드의 이름은 변수 이름을 만들 때와 동일한 방법으로 만들 수 있다. 영문자, 숫자, _, $ 등을 섞어서 만들 수 있다. 메소드 이름 중간에 공백은 허용이 안 된다. 메소드 이름에 한글도 허용된다. 관행적으로 메소드의 이름은 소문자로 시작된다. 그 이후에는 의미가 있는 단어의 첫 글자는 대문자를 사용한다. 3행에서 메소드 이름 firstMethod() 앞에는 public static이라는 것이 붙어 있다. 이 또한 8장에서 설명될 클래스의 개념을 이해해야 설명이 가능한 부분이니 본장에서는 그대로 입력을 해주면 된다. 메소드 이름 바로 앞에 붙어 있는 void는 본 장의 후반부에 설명된다.

메소드의 이름을 선언한 후 메소드의 영역은 대괄호 {과 }으로 지정한다. 소스코드 39에서는 3행에서 대괄호 {가 시작되고 7행에서 대괄호 }가 끝난다. 즉 3행에서 7행까지가 메소드 firstMethod()의 영역이다. 지금까지는 main()이라는 메소드 안에서만 코딩을 하다가, 이제 firstMethod()라는 메소드가 생겨 소스코드 39에는 두 개의 메소드가 존재한다.

메소드 firstMethod()의 안을 보면 5행에 실행문이 하나 들어있는 것이 보인다. 즉, firstMethod()가 하는 일은 화면에 문자열을 출력하는 일이 전부이다. 물론, 향후에는 필요한 실행문들을 넣어야 할 것이다.

11행에서는 새로 추가한 메소드 firstMethod()를 호출하고 있다. 메소드를 호출하기 위해서는 그냥 메소드 이름을 쓰기만 하면 된다. 메소드가 호출되면 그 메소드 내에 있는 실행문들이 실행된다. 11행에서 firstMethod()를 호출하면, firstMethod() 내의 실행문이 실행되어 소스코드 39는 화면에 "메소드가 호출되었습니다."라는 문자열을 출력하게 된다.

이렇게 메소드는 메소드의 이름 선언 부분과 괄호로 구성된 실행 영역으로 구성되어 있다.

소스코드 39 **메소드 추가하기**

```
 1 : public class JavaTest {
 2 :
 3 :     public static void firstMethod() {
 4 :
 5 :         System.out.println("메소드가 호출되었습니다.");
 6 :
 7 :     }
 8 :
 9 :     public static void main(String args[]) {
10 :
11 :         firstMethod();
12 :
13 :     }
14 :
15 : }
```

소스코드 40에서는 메소드 firstMethod() 안에서 조금 더 복잡한 일을 하고 있다. 5행에서 7행에서는 1부터 10까지 합계를 내는 일을 하고 9행에서는 그 결과를 출력한다. 이렇게 메소드 내에서는 지금까지 main() 메소드 안에서 구현했던 모든 코드들을 그대로 구현할 수 있다.

소스코드 40 **메소드 내에 실행문 추가하기**

```
 1 : public class JavaTest {
 2 :
 3 :     public static void firstMethod() {
 4 :
 5 :         int sum = 0;
 6 :         for (int i=1; i<=10; i++)
 7 :             sum+= i;
```

```
 8 :
 9 :             System.out.println(sum);
10 :
11 :     }
12 :
13 :     public static void main(String args[]) {
14 :
15 :             firstMethod();
16 :
17 :     }
18 :
19 : }
```

메소드에 매개변수 전달하기

소스코드 39와 40에서 메소드 firstMethod()를 호출하면 firstMethod() 안에의 실행구문들이 실행되었다. 그런데 이 두 경우 모두 firstMethod()를 호출하면 그 메소드 안에 사전에 정해진 내용만 실행되었다. 하지만 대부분의 경우에는 메소드를 호출할 때 처리할 자료를 전달하게 된다. 따라서 메소드를 호출할 때 처리할 자료를 처리할 방법이 필요해진다. 이 때 사용하는 것이 매개변수이다. 매개라는 단어가 의미하듯이 매개변수는 무언가를 전달하는 다리 역할을 한다. 메소드에 매개변수를 사용하기 위해서는 메소드 이름 우측의 괄호 안에 다음과 같이 사용할 매개변수들을 나열해주면 된다. 매개변수가 2개 이상일 경우 각 매개변수들을 쉼표(,)로 구분해주면 된다.

```
메소드이름(자료형 매개변수이름, 자료형 매개변수이름 ..... )
```

소스코드 41에서는 메소드 firstMethod()에 정수형 매개변수 n을 추가하였다. 이제 firstMethod()는 단독으로 호출되는 것이 아니고 괄호 안에 매개변수를 전달하는 방식으로 변경되었다. 5행에서는 전달받은 매개변수 n의 값을 출력한다. 11행을 보면 매개변수를 가지는 메소드를 호출하는 방법을 볼 수 있다. 메소드 이름 우측의 괄호 안에 매개변수에 전달할 값을 써주면 된다. 11행에서는 firstMethod()의 매개변수로 50을 전달하였고, 3행에서 firstMethod()는 매개변수 n으로 50을 전달받아 그 값을 출력하는 일을 실행하였다. 화면에는 다음과 같은 결과가 출력될 것이다.

```
전달받은 값 = 50
```

소스코드 41 **메소드와 매개변수**

```
 1 : public class JavaTest {
 2 :
 3 :     public static void firstMethod(int n) {
 4 :
 5 :         System.out.println("전달받은 값 = " + n);
 6 :
 7 :     }
 8 :
 9 :     public static void main(String args[]) {
10 :
11 :         firstMethod(50);
12 :
13 :     }
14 :
15 : }
```

메소드에 여러 개의 매개변수 전달하기

메소드에 여러 개의 매개변수를 사용하는 예를 살펴보자. 메소드는 여러 개의 서로 다른 자료형의 매개변수를 가질 수 있다. 소스코드 42의 3행을 보면 firstMethod()의 괄호 안에는 int, float, char 자료형을 가지는 매개변수 n, pi, t 세 개가 있다.

이 메소드를 호출하는 13행을 보면 firstMethod() 괄호 안에 각 매개변수의 자료형에 해당하는 값들 50, 3.14f, 'A'을 전달하고 있다. 메소드에 매개변수에 전달할 값들을 전달할 때는 이렇게 쉼표로 구분되는 값들을 전달하면 된다. 5행~7행에서는 전달받은 각 매개변수의 값을 화면에 출력한다. 소스코드 42의 출력 결과는 다음과 같다.

```
전달받은 값1 = 50
전달받은 값2 = 3.14
전달받은 값3 = A
```

소스코드 42 **여러 개의 매개변수 사용**

```
1 : public class JavaTest {
2 :
3 :     public static void firstMethod(int n, float pi, char t) {
4 :
5 :         System.out.println("전달받은 값1 = " + n);
6 :         System.out.println("전달받은 값2 = " + pi);
7 :         System.out.println("전달받은 값3 = " + t);
8 :
```

```
 9 :     }
10 :
11 :     public static void main(String args[]) {
12 :
13 :         firstMethod(50, 3.14f, 'A');
14 :
15 :     }
16 :
17 : }
```

덧셈 계산용 메소드 만들어보기

두 정수를 매개변수로 전달받아 두 수의 합을 출력하는 메소드를 만들어보자. 소스코드 43의 3행에서는 메소드 add()에 정수형 매개변수로 a와 b가 사용되었다. 5행에서는 매개변수 a와 b의 값을 더해서 합을 출력한다. 즉, add() 메소드는 두 수를 전달받은 후 합을 출력하는 기능을 한다. 11행에서는 정수 10과 20을 매개변수로 전달하며 add() 메소드를 호출하였다. 다음은 소스코드 43의 출력 결과이다.

```
두 수의 합 = 30
```

소스코드 43 **두 수의 합을 구하는 메소드**

```
 1 : public class JavaTest {
 2 :
 3 :     public static void add(int a, int b) {
 4 :
 5 :         System.out.println("두 수의 합 = " + (a + b) );
 6 :
 7 :     }
 8 :
 9 :     public static void main(String args[]) {
10 :
11 :         add(10, 20);
12 :
13 :     }
14 :
15 : }
```

메소드의 반환값

메소드의 호출은 메소드의 이름을 사용하는 시점에 이루어진다. 호출된 메소드는 지정된 실행 구문들을 실행한다. 모든 실행이 끝난 후 메소드를 불렀던 원래의 위치로 실행 순서가 다시 돌아오는 동작을 반환(return)이라고 한다. 소스코드 43에서도 메소드 add()는 실행을 끝내고 7행에서 반환되어 다시 11행으로 실행 순서가 돌아온다.

메소드의 반환 시 값을 함께 반환하는 방법을 살펴보자. 예를 들어 소스코드

43에서 메소드 add()는 두 개의 정수를 받아들여 그에 대한 합을 화면에 출력한다. 한편, add()에서 계산된 결과 값을 단순히 출력하는 것이 아니고 메소드를 호출했던 곳으로 돌려주는 작업이 필요할 때가 있다. 즉, 메소드가 값을 반환하는 일이 필요할 때가 있다. 소스코드 43을 수정하여 메소드 add()가 값을 반환하도록 만들어보자.

소스코드 44의 3행을 보면 메소드 add() 앞에 void였던 것이 int로 변경된 것을 볼 수 있다. 이는 메소드 add()가 정수형 값을 반환하는 메소드라는 것을 의미한다. 그렇다면 지금까지 사용한 void는 무엇일까? void는 '빈, 텅빈'이라는 의미이다. 메소드 이름 앞에 void가 있다면 반환값이 없는 메소드라는 의미이다. 5행에서는 return구문이 사용되었는데 return문 우측에 반환하고자 하는 값을 써주면 된다. 5행에서는 a와 b를 더한 값을 반환하고 있다.

이렇게 값을 반환하는 기능을 가진 메소드를 호출하는 방법을 알아보자. 11행을 보면 메소드를 호출할 때 그냥 메소드 이름만 쓰지 않고, 메소드의 결과를 변수 n에 배정하고 있다. 이는 호출한 메소드가 값을 반환할 때 메소드 이름 자체가 그 반환 값을 가진다는 것을 의미한다. 그리고, 11행과 같은 방법을 굳이 사용하지 않더라도 다음과 같이 한 번에 반환 값을 출력할 수도 있다.

```
System.out.println( add(10, 20) );
```

소스코드 44 **반환값을 갖는 메소드**

```
 1 : public class JavaTest {
 2 :
 3 :     public static int add(int a, int b) {
 4 :
 5 :         return a + b;
 6 :
 7 :     }
 8 :
 9 :     public static void main(String args[]) {
10 :
11 :         int n = add(10, 20);
12 :
13 :         System.out.println(n);
14 :
15 :     }
16 :
17 : }
```

메소드 응용 : n까지의 합계 계산하기

1부터 n까지 수의 합계를 구하는 작업을 메소드를 이용하여 구현해보자. 소스코드 45의 3행에서는 정수형 값을 반환하는 메소드 sum()이 선언되었다. sum()은 매개변수 n에 정수를 받아 1부터 받은 값까지의 합계를 구해서 반환해준다. 5행에서는 변수 s를 0으로 설정한 후, 7,8행에서 1부터 n까지의 값을 s에 누적하여 합계를 구한다. 10행에서는 합계의 결과인 s의 값을 반환한다.

16행에서는 매개변수로 100을 전달하며 메소드 sum()을 호출한 후 sum()에서 반환된 값을 변수 result에 배정한다. 18행에서는 result의 값을 출력한다. 소스코드 45의 결과는 다음과 같다.

```
5050
```

소스코드 45 **수의 합계를 반환하는 메소드**

```
 1 : public class JavaTest {
 2 :
 3 :     public static int sum(int n) {
 4 :
 5 :         int s = 0;
 6 :
 7 :         for (int i=1; i<=n; i++)
 8 :             s += i;
 9 :
10 :         return s;
11 :
12 :     }
13 :
14 :     public static void main(String args[]) {
15 :
16 :         int result = sum(100);
17 :
18 :         System.out.println(result);
19 :
20 :     }
21 :
22 : }
```

메소드 응용 : 계승(factorial) 계산하기

1부터 주어진 수까지의 곱을 계산하는 과정을 계승(factorial)이라고 부른다. 이번에는 계승을 계산하여 결과를 반환하는 메소드를 만들어보자. 소스코드 46의 3행에서는 정수 값을 반환하는 메소드 factorial()이 선언되었다. 이 메소드는 정수형 매개변수 n을 가진다. 곱하는 값을 누적하기 위하여 5행에서는 변수 fac을 1로 초기화하였다. 주의해야할 점은 이 값은 0이 아니고 1이라는 점이다. 합계를 구할 때와 혼동하여 변수 fac의 값을 0으로 초기화한다면 어떤 수의 계승을 구하더라도 결과는 0이된다. 어떤 수라도 0과의 곱은 항상 0이기 때문이다.

7, 8행에서는 1부터 매개변수 n의 값까지 변수 fac에 누적하여 곱하여 n 계승 값을 계산한다. 10행에서는 계승 계산이 완료된 값이 들어있는 변수 fac의 값을 반환한다.

16행에서는 매개변수의 값으로 5를 전달하며 메소드 factorial()을 호출한다. factorial()에서 반환한 값은 변수 result에 저장한다. 18행에서는 result의 값을 출력함으로써 5 계승의 값이 화면에 출력되며 그 결과 값은 5!, 즉 120이 된다.

소스코드 46 **계승 계산 메소드**

```
 1 : public class JavaTest {
 2 :
 3 :       public static int factorial(int n) {
 4 :
 5 :             int fac = 1;
 6 :
 7 :             for (int i=1; i<=n; i++)
 8 :                   fac *= i;
 9 :
10 :             return fac;
11 :
12 :       }
13 :
14 :       public static void main(String args[]) {
15 :
16 :             int result = factorial(5);
17 :
18 :             System.out.println(result);
19 :
20 :       }
21 :
22 : }
```

메소드 간의 호출

지금까지 main() 메소드에서 새로 추가된 메소드를 호출하는 예들을 보아왔다. 메소드들끼리도 서로 호출을 할 수 있을까? main() 메소드가 다른 메소드를 호출하듯이 당연히 메소드들끼리도 호출할 수 있다. 메소드들끼리 호출하는 예를 만들어보자.

소스코드 47에는 main(), sum(), numComp() 등 3개의 메소드가 존재한다. main()은 numComp()를 호출하며 numComp()는 sum()을 호출한다.

27행에서 메소드 main()에서는 1부터 10까지의 합계가 50보다 큰지를 알아보기 위하여 numComp(10, 50)과 같이 메소드 numComp()를 호출한다. numComp()는 4행에서 두 정수를 매개변수 num과 comp에 받은 후 1부터 num까지의 합계가 comp보다 크면 크다는 메시지를, 크기 않으면 크기 않다는 메시지를 출력한다. numComp() 내에서 합계를 구하는 과정은 직접 처리하지 않고 1부터 주어진 수 num까지의 합계를 구해주는 sum()이라는 메소드를 호출하여 합계를 구한다. 6행의 sum(num)과 같이 메소드 sum()을 호출하면 14행부터 구현되어 있는 sum()에서는 1부터 매개변수 n에 받은 수까지의 합을 구하여 합계를 반환한다. 6행에서는 이 반환된 값, 즉 합계를 변수 comp의 값과 비교하여 비교 결과를 출력한다.

1부터 10까지의 합은 55이므로 50보다 크다. 따라서 소스코드 47은 화면에 "합계가 비교값보다 큽니다."라는 결과를 출력한다. 소스코드 47에서 보았듯이 메소드들끼리는 얼마든지 서로 호출할 수 있다.

소스코드 47 **메소드가 메소드를 호출하는 예**

```
 1 : public class JavaTest {
 2 :
 3 :
 4 :     public static void numComp(int num, int comp) {
 5 :
 6 :             if (sum(num) > comp)
 7 :                     System.out.println("합계가 비교값보다
    큽니다.");
 8 :             else
 9 :                     System.out.println("합계가 비교값보다 크지
    않습니다.");
10 :
11 :     }
12 :
13 :
14 :     public static int sum(int n) {
15 :
16 :             int temp = 0;
17 :
18 :             for (int i=1; i<=n; i++)
19 :                     temp += i;
20 :
21 :             return temp;
22 :
23 :     }
24 :
25 :     public static void main(String args[]) {
26 :
27 :             numComp(10, 50);
28 :
29 :     }
30 :
31 : }
```

메소드의 재귀 호출(recursion)

메소드가 메소드를 호출할 수 있다는 것은 바로 앞 절에서 살펴보았다. 그렇다면 메소드가 그 자신을 스스로도 호출할 수 있을까? 이 경우 역시 메소드가 메소드를 호출하는 것과 다를 바가 없으므로 당연히 호출할 수 있다. 그런데 메소드가 스스로를 호출하는 이유는 무엇인지, 또 메소드 자신을 호출할 때도 호출하는 방법은 동일한지가 좀 혼동될 수 있다. 예를 통하여 이런 궁금증을 해결해보자.

앞에서 for 반복문을 사용하여 구해보았던 계승(factorial) 계산을 재귀호출을 사용하여 구현해보자. 재귀호출 과정에서 메소드가 스스로를 호출하게 되면 영원히 이 과정이 반복될 수 있다. 그러므로 재귀호출에서 스스로를 더 이상 호출하지 않는 정지조건 설정이 중요하다는 점을 기억해두자.

소스코드 48의 3행부터 시작되는 메소드 factorial()은 매개변수 n에 정수를 받아 1부터 n까지 곱한 계승 값을 반환한다. 5행을 보면 메소드 factorial()이 매개변수 n으로 받은 값이 1이면 값 1을 반환하고 메소드가 종료된다. 1 계승은 1이기 때문이다. n의 값이 1보다 큰 경우에는 다음과 같은 계산을 시도한다. 이는 5! = 5 x 4! 와 같은 원리이다.

```
factorial(n) = n * factorial(n-1)
```

이런 표현이 8행에서 이루어진다. 8행에서 반환하는 값은 n * factorial(n-1)이다. factorial(n-1) 부분에서 보는 것과 같이 다시 자기 자신을 호출하여 n-1 계승의 계산을 시도한다. 이 과정이 계속 진행되면 언젠가는 factorial(1)을 호출하는 경우가 발생할 것이고 factorial(1)이 호출된 경우 1을 반환하게 되므로 더 이상 재귀호출을 하지 않으며, 이 때 결정된 값들이 차례로 그 때까지 호출된 시점으로 돌아가며 최종적으로 factorial(n)의 값을 결정하게 된다.

재귀호출을 통한 모든 계산 과정이 끝나면 최종적으로 14행으로 돌아가게 되며, 5 계승의 값인 120이 화면에 출력된다.

소스코드 48 **재귀호출을 사용한 계승 계산**

```
 1 : public class JavaTest {
 2 :
 3 :       public static int factorial(int n) {
 4 :
 5 :              if (n == 1)
 6 :                         return 1;
 7 :
 8 :              return n * factorial(n-1);
 9 :
10 :       }
11 :
12 :       public static void main(String args[]) {
13 :
14 :              System.out.println( factorial(5) );
15 :
16 :       }
17 :
18 : }
```

재귀호출은 스스로를 호출하는 모양을 하고는 있지만, 이해를 위하여 메소드 자신과 동일한 메소드를 하나 복사해놓고 그 메소드를 호출한다고 생각하면 어렵지 않다. 이름이 같은 여러 메소드를 계속 호출하다가 더 이상 호출할 필요가 없어질 경우 호출한 순서대로 원래 호출한 시점으로 돌아가는 동작이라고 생각하면 재귀호출은 메소드간 호출을 하는 것과 별반 다를 바가 없는 구조로 이해할 수 있다.

연 습 문 제

1. 매개변수 n에 0보다 큰 양의 정수를 받아 1/1 + 1/2 + 1/3 + … 1/n까지의 합을 구하여 반환해주는 메소드를 작성하시오.

2. 매개변수 n에 0보다 큰 양의 정수를 받아 1부터 n까지의 합을 재귀호출을 통해 계산하여 반환해주는 메소드를 작성하시오.

3. 매개변수 n에 0보다 큰 양의 정수를 받아 1부터 n까지의 계승(Factorial)을 재귀호출을 통해 계산하여 반환해주는 메소드를 작성하시오.

4. 다음과 같은 규칙의 피보나치 수열에 대하여 매개변수로 항의 번호 n을 입력받아 그 n항에 해당하는 피보나치 수를 반환하는 메소드를 재귀호출을 사용하여 적성하시오.

항	0	1	2	3	4	5	6	…
피보나치 수	0	1	2	3	5	8	13	…

JAVA

클래스 기초

8장
클래스 기초

클래스란?

클래스의 개념을 공식적으로 표현해보자면 "객체의 속성을 추상화하여 멤버 변수와 메소드들로 구성한 타입(template)"이라고 할 수 있다. 설명은 간결하지만 이해는 쉽지 않다. 본 장에서는 클래스의 개념과 사용방법을 쉽게 설명하기 위하여 은행의 예를 사용해보도록 한다.

클래스는 은행 설계도?

독자 여러분들이 은행을 하나 운영해보고자 한다고 가정해보자. 실제 땅을 사서 은행을 짓기 전에 은행을 어떻게 구성할 것인지 설계를 할 필요가 있다. 은행을 설계를 할 경우에는 은행은 어떤 기능을 가지는 지를 살펴보게 된다. 이렇게 은행의 기능과 특징을 구상해보는 과정을 객체지향 프로그래밍에서는 추상화라고 한다. 실제 은행의 업무야 방대하겠지만 간단한 이해를 위해 본장에서는 다음과 같이 은행의 기본 기능들을 은행의 특성으로 정의해보도록 한다. 다른 말로는 다음과 같이 은행을 추상화하였다고도 할 수 있다.

<은행의 특성>
1. 돈을 보관할 창고가 필요하다.
2. 잔액을 알려주는 직원이 필요하다.
3. 입금을 담당하는 직원이 필요하다.
4. 출금을 담당하는 직원이 필요하다.

위에서 정리한 은행의 특성을 크게 나누자면 돈을 보관하는 금고와, 그 금고를 관리해주는 직원들이다. 만약 직원들을 통하지 않고 고객들이 은행의 금고에 마음대로 돈을 넣고, 필요할 때 마음대로 돈을 가져가도록 한다면 어떤 일이 벌어질까? 큰 혼란이 생길 것이 분명하고 금고의 안전한 관리는 불가능해진다. 그러므로 은행을 설계할 때 돈을 보관하는 금고는 직접 접근하도록 하지 않고 반드시 창구의 직원들을 통하도록 할 것이다.

이렇게 은행 금고의 크기와 개수 등을 결정하고 채용할 직원의 업무나 수를 결정해 놓은 설계도가 Java의 클래스에 해당한다. 은행 설계도를 Java의 클래스 용어로 표현하자면 금고는 클래스의 멤버변수가 되고, 은행의 창구 직원은 클래스의 메소드가 된다. 여기에서 메소드는 우리가 7장에서 살펴본 바로 그 메소드이다.

은행의 설계도를 완성했다고 해서 바로 은행 영업을 할 수 있는 것은 아니다. 땅을 사고 그 땅에 설계도 모양대로 실제 은행을 지어야만 실제 은행 업무를 시작할 수 있다. 이를 Java의 클래스에 비유하자면 은행을 짓기 위한 땅은 컴퓨터의 메모리이다. 그 땅에 실제 지은 은행을 Java의 클래스에서는 객체라고 한다. 하나의 은행 설계도로 땅을 여러 곳을 사서 여러 개의 은행을 지을 수 있다. Java에서도 한 번 선언한 클래스를 사용하여 메모리에 여러 객체를 생성할 수 있다. 은행과 클래스의 비유는 그림 28과 같이 정리될 수 있다.

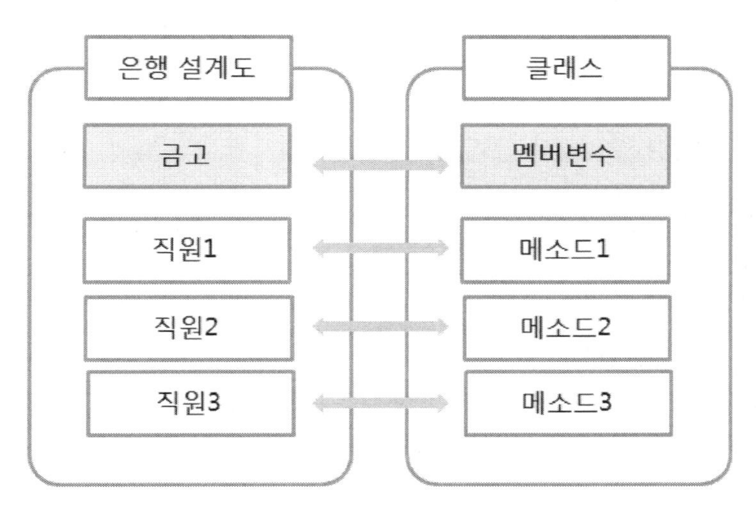

그림 28 _ 은행 설계도와 클래스의 비교

클래스의 형태

클래스는 멤버 변수들과 메소드들로 구성된다. 클래스를 선언하는 방법은 다음과 같이 class라는 키워드 다음에 클래스 이름을 적는다. 클래스의 이름은 메소드의 이름을 만들 때와 같이 영문 알파벳, 숫자, _, $ 등을 사용할 수 있다. 중간에 공백은 허용되지 않는다. 한글도 클래스 이름에 사용할 수 있다. 그리고 관행적으로 클래스 이름은 영문 대문자로 시작한다. 클래스 내에는 멤버변수들과 메소드들이 위치한다. 멤버변수나 메소드의 선언 방법과 기능은 앞에서 살펴본 바와 같다.

```
class 클래스이름 {
    멤버변수들
    메소드들
}
```

클래스 만들기

은행 업무는 클래스의 동작과 비슷한 면이 많다. 은행 업무의 특성을 추출해보고 이를 클래스로 구현해보자. 클래스의 이름을 Bank라고 하기로 하고, 이 클래스를 현재 우리가 사용하고 있는 클래스인 JavaTest 클래스 위에 선언해 보자. 먼저 다음과 같이 입력을 하여 클래스 선언을 시작해본다. 그리고 이 Bank 클래스 안에 차차 필요한 멤버변수들과 메소드들을 추가해 나가면 된다.

```
class Bank {
}
```

은행을 구성하는 특징을 생각해보면 가장 먼저 돈을 보관할 수 있는 금고가 떠오른다. 그래서 우리 클래스에도 돈을 보관하기 위한 멤버변수를 다음과 같이 추가해보자. 추가한 멤버변수의 이름은 money이고 이 변수의 자료형은 정수형이다.

```
class Bank {

    int money;

}
```

그 다음 필요한 기능은 은행에 돈을 입금하는 기능이다. 은행에서도 금고에 돈을 입금하기 위해서는 은행 직원을 통한다. Bank 클래스에서도 멤버변수 money에 돈을 입금하기 위한 메소드가 필요하다. 메소드의 이름은 deposit()으로 하고, 이 메소드는 매개변수 m에 입금할 돈을 받아서 은행금고로 사용하고 있는 멤버변수 money에 더한다. 다음과 같이 deposit() 메소드를 추가해보자. 이제 클래스 Bank는 멤버변수 하나와 메소드 하나를 가진 클래스로 확장되었다. 메소드 이름 앞에 붙어있는 void는 7장에서 설명된 대로 반환값이 없는 메소드를 의미한다. 그 앞에 붙어있는 public은 접근제한자로 클래스 외부에서 이 메소드를 호출할 수 있도록 해준다. 이 public 접근제한자에 대해서는 다시 자세히 설명될 것이다.

```
class Bank {

    int money;

    public void deposit(int m)
    {
        money += m;
    }

}
```

 생성자 메소드

의문점이 하나 생긴다. deposit() 메소드를 통해 입금을 할 때 전달받은 값을 money에 더하도록 하였다. Bank 클래스의 멤버변수인 money가 가지는 초기 값은 얼마일까? 모든 프로그래밍에서 변수의 초기값은 매우 중요하다. 클래스의 멤버변수 역시 프로그래머가 확실하게 초기화를 해주어야 한다.

이를 위하여 다음과 같은 Bank라는 메소드를 추가해주자. 이 메소드 안에서는 멤버변수 money를 0으로 초기화해주고 있다. 그런데, 이 메소드는 좀 특이한 점이 있다. 메소드의 이름이 클래스의 이름 Bank와 같다. 그리고 메소드 앞에 void나 int와 같은 반환형이 빠져있다. 그냥 public Bank()와 같은 식으로 메소드가 선언되었다. 이런 메소드를 생성자라고 부른다. 이 생성자 메소드는 클래스의 객체가 메모리에 생겨날 때 단 한 번 실행된다. 즉, 생성자는 객체의 초기화를 위해 존재하는 메소드이다. 따라서 객체에 필요한 초기화는 이 메소드에서 해주면 된다. 이제 클래스 Bank의 멤버변수 money는 객체가 생성될 때 0의 초기값을 가지게 된다. 물론 초기화 값이 항상 0이어야 하는 것은 아니다. 필요에 따라서 초기화 값을 정해주면 된다.

```
class Bank {

    int money;

    public Bank()
    {
        money = 0;
    }
```

```
    public void deposit(int m)
    {
        money += m;
    }

}
```

만약 초기화 작업이 필요 없는 클래스에도 꼭 생성자 메소드를 선언해야 할까? Java에서는 생성자가 필요 없는 경우 직접 생성자를 선언하지 않아도 된다. 다만, Java가 내부적으로 형식적인 생성자를 만들어 준다. 이는 프로그래머가 의식을 할 필요는 없는 형식적인 과정일 뿐이다. 하지만, 생성자를 선언하고 필요한 초기화는 프로그래머가 명시적으로 해주는 것이 바람직한 프로그래밍 습관일 것이다.

한 가지 더 생각해보자. 생성자가 없다면 멤버변수의 초기값은 어떻게 결정될까? 일반적인 언어에서 초기 값을 명시해주지 않을 경우 멤버변수의 값은 의미가 없는 무작위 값으로서 사용해서는 안 되는 값을 가지고 있다. 하지만 Java에서는 명시적으로 멤버변수의 값을 초기화해주지 않을 경우 다음과 같은 기본 값을 배정해준다.

```
숫자형 변수: 0
문자형 변수: 공백
boolean 변수: false
객체: null
```

 Bank 클래스 완성하기

클래스 Bank에 은행 업무를 수행하기 위한 두 가지 기능인 출금과 잔액확인 기능을 추가해보자. 물론 실세계에서와 같이 입출금과 잔액 확인을 하나의 메소드에서 할 수도 있지만, 클래스의 구조 이해를 위하여 한 메소드는 한 가지 업무만 담당하는 것으로 가정한다.

다음과 같이 출금 기능을 담당하는 withdraw() 메소드와 잔액 출력을 담당하는 print() 메소드가 추가되었다. widthdraw() 메소드는 매개변수에 전달된 금액만큼 멤버변수 money에서 차감해준다. print() 메소드에서는 멤버변수 money의 값을 화면에 출력해준다. 이렇게 하여 기본적인 은행 업무의 특징을 추출하고, 이를 Bank라는 클래스에 구현하였다.

```
class Bank {

    int money;

    public Bank()
    {
        money = 0;
    }

    public void deposit(int m)
    {
        money += m;
    }
```

```
    public void withdraw(int m)
    {
        money -= m;
    }

     public void print()
    {
        System.out.println("잔액: " + money);
    }

}
```

클래스의 사용과 객체

이제 앞에서 완성한 클래스 Bank를 사용하는 방법을 알아보자. 소스코드 49의 1~21행에는 위에서 구현한 Bank 클래스가 위치해있다. 이 Bank 클래스의 사용은 main() 메소드 내의 28~35행에 구현되어 있다. 클래스를 사용하는 절차는 다음과 같다.

1. 클래스의 객체 참조변수 선언
   - 객체란 클래스의 형태가 실제 메모리에 생성된 것
   - 객체 참조변수는 메모리에 생성되는 객체의 위치(주소)를 가지는 변수

2. 메모리에 객체 인스턴스 생성
   - new 키워드와 함께 클래스의 생성자를 호출하여 클래스 형태의 실제 객체가 메모리에 생성됨. 이를 클래스의 인스턴스라고 부름
   - 이 이후부터는 객체의 실체가 메모리에 존재하므로 객체를 사용할 수 있음

소스코드 49의 27행에서는 Bank클래스의 객체 참조변수인 myBank를 선언하였고, 28행에서는 Bank 클래스의 객체에 메모리를 할당한 후 이를 myBank 참조변수에 배정하였다. 이 이후부터는 myBank 참조변수는 Bank 클래스의 모든 기능을 사용할 수 있게 된다. 단계별 이해를 위하여 객체 참조변수의 선언과 객체의 생성을 두 단계로 나누었지만, 이 두 작업은 다음과 같이 한꺼번에 처리하는 경우가 일반적이다.

```
Bank myBank = new Bank();
```

30행에서는 myBank 객체 참조변수가 메소드 print()를 호출하여 현재의 잔액을 출력한다. 객체 참조변수로 클래스 내부의 메소드에 접근할 때는 마침표(.)를 사용하여 호출한다. 멤버변수 money는 생성자에서 0으로 초기화되었으므로, 30행에 의하여 출력되는 결과는 다음과 같을 것이다.

```
잔액: 0
```

31행에서는 deposit() 메소드를 호출하여 5000원을 입금하였고, 32행에서는 잔액을 출력하였다. 33행에서는 withdraw() 메소드를 호출하여 2000원을 출금하였고, 34행에서는 다시 잔액을 출력하였다. 소스코드 49의 전체 실행 결과는 다음과 같다.

```
잔액: 0
잔액: 5000
잔액: 3000
```

소스코드 49

```
 1 : class Bank {
 2 :
 3 :     int money;
 4 :
 5 :     public Bank() {
 6 :         money = 0;
 7 :     }
 8 :
 9 :     public void deposit(int m) {
10 :         money += m;
11 :     }
12 :
13 :     public void withdraw(int m) {
14 :         money -= m;
15 :     }
16 :
17 :     public void print()
18 :    {
19 :         System.out.println("잔액: " + money);
20 :    }
21 : }
22 :
23 : public class JavaTest {
24 :
25 :    public static void main(String args[]) {
26 :
27 :         Bank myBank;
28 :         myBank = new Bank();
29 :
30 :         myBank.print();
```

```
31 :            myBank.deposit(5000);
32 :            myBank.print();
33 :            myBank.withdraw(2000);
34 :            myBank.print();
35 :
36 :    }
37 :
38 : }
```

홍길동 은행장과 클래스의 객체

클래스와 객체의 관계가 아직 어렵게 느껴진다면 다음 비유를 생각해보자. 클래스는 은행의 구조와 기능에 대한 설계도라고 생각하면 된다. 이 설계도만으로는 실제 은행을 운영할 수 없다. 일단 은행을 운영할 은행장이 필요하다. 그래서 홍길동이라는 은행장을 미리 임명했다고 하자. 이렇게 홍길동 은행장을 임명하는 단계는 객체 참조변수의 이름을 선언하는 단계에 해당된다. 이제 설계도도 있고 은행장도 있다. 은행 업무를 수행할 수 있을까? 아직은 불가능하다. 은행이 실제 지어지지 않았기 때문이다. 은행을 짓기 위해서는 빈 땅이 필요하다. 빈 땅은 빈 메모리에 해당된다. 빈 땅을 찾은 후 실제 은행 건물을 설계도대로 건축한다. 이 건축 과정이 위에서 new Bank()를 통하여 클래스 형태의 객체를 메모리에 생성하는 과정에 해당된다. 이렇게 땅을 사서 은행 건물이 완성되면 홍길동 은행장은 은행의 금고나 직원들을 사용할 수 있게 된다. 마찬가지로 객체가 메모리에 생성된 후에야 객체의 멤버변수와 메소드들이 사용 가능한 상태가 되는 것이다.

하나의 클래스와 여러 객체들

앞에서 클래스를 설계하고, 객체 참조변수를 선언하고, 객체를 생성하는 단계를 살펴보았다. 한 클래스에 대해서 여러 개의 객체를 사용할 수 있을까? 당연하다. 은행을 짓기 위하여 만든 설계도 한 장으로 여러 은행을 건축할 수 있다.

소스코드 50의 27~34행에서는 하나의 클래스 Bank에 대하여 두 개의 객체 참조변수를 선언하여 사용하는 예를 보이고 있다. 27행에서는 myBank 객체 참조변수를, 28행에서는 yourBank 객체 참조변수를 선언하고 각각에 대해 객체를 생성하였다. 두 객체 모두 동일한 클래스인 Bank를 사용하여 생성되었다. 이 두 객체는 메모리의 위치가 서로 독립된 다른 공간에 생성된다. 은행에 비유하자면 서로 다른 지역에 건축된 독립적인 은행이다. 은행의 금고 위치가 서로 다르듯이 myBank의 money와 yourBank의 money 역시 서로 다른 곳에 위치해 있다.

30행에서 myBank에는 5000원이 입금했고, 31행에서 yourBank에는 7000원을 입금했다. 33행에서는 myBank의 잔액을 출력했고, 34행에서는 yourBank의 잔액을 출력했다. 서로 다른 개체이고 서로 다른 메모리 영역을 차지하므로 두 출력결과 역시 다를 것이다. 다음은 소스코드 50의 출력결과이다.

```
잔액: 5000
잔액: 7000
```

소스코드 50

```
 1 : class Bank {
 2 :
 3 :     int money;
 4 :
 5 :     public Bank() {
 6 :         money = 0;
 7 :     }
 8 :
 9 :     public void deposit(int m) {
10 :         money += m;
11 :     }
12 :
13 :     public void withdraw(int m) {
14 :         money -= m;
15 :     }
16 :
17 :     public void print()
18 :    {
19 :         System.out.println("잔액: " + money);
20 :    }
21 : }
22 :
23 : public class JavaTest {
24 :
25 :     public static void main(String args[]) {
26 :
27 :         Bank myBank = new Bank();
28 :         Bank yourBank = new Bank();
29 :
30 :         myBank.deposit(5000);
```

```
31 :            yourBank.deposit(7000);
32 :
33 :            myBank.print();
34 :            yourBank.print();
35 :
36 :      }
37 :
38 : }
```

오버 로딩

앞에서 제작한 클래스 Bank에 조금 변화를 줘보자. Bank 클래스에서 입금을 담당하는 메소드는 deposit()이다. 그런데 은행에서 입금을 할 때 특정 이벤트 기간에는 보너스 금액을 추가로 입금해주기로 했다고 가정하자. 그런데 deposit() 메소드는 매개변수로 입금할 금액 하나만을 받는다. 그렇다고 보너스 입금을 위해 별도의 메소드를 따로 만드는 것은 업무에 혼동을 줄 수 있다. 이럴 때는 메소드 이름은 같지만 기능이 다른 메소드를 추가로 구현할 수 있다.

Java에서는 하나의 클래스 내에 다음과 같이 deposit()이라는 동일한 이름을 가지는 메소드를 2개 이상 사용할 수 있다. 단, 매개변수의 개수나 자료형이 달라야 한다. 사람에 비유하자면 동명이인이 격이 될 것이다. 이렇게 매개변수가 다르면 동일한 메소드 이름을 사용할 수 있는 기능을 오버 로딩(Over Loading)이라고 부른다.

```
public void deposit(int m)
{
    money += m;
}

public void deposit(int m, int bn)
{
    money += m + bn;
}
```

소스코드 51의 9~15행에는 deposit()이라는 이름을 가진 메소드가 두 개 존재한다. 하나는 입금액 하나만을 매개변수로 받는 메소드이고, 또 하나는 입금액과 함께 추가 보너스 금액 두 개의 매개변수를 받아들이는 메소드이다. 34행에서는 deposit() 매소드에 입금액 3000을 매개변수 하나에 전달하였고, 35행에서는 입금액 2000과 추가 보너스 금액 500을 함께 전달하였다. 결과적으로 총 입금액은 5500이 될 것이다. 다음은 소스코드 51의 출력결과이다.

```
잔액: 5500
```

소스코드 51

```
1 : class Bank {
2 :
3 :     int money;
4 :
5 :     public Bank() {
6 :         money = 0;
7 :     }
8 :
9 :     public void deposit(int m) {
```

```
10 :            money += m;
11 :        }
12 :
13 :        public void deposit(int m, int bn) {
14 :            money += m + bn;
15 :        }
16 :
17 :        public void withdraw(int m) {
18 :            money -= m;
19 :       }
20 :
21 :        public void print()
22 :       {
23 :            System.out.println("잔액: " + money);
24 :       }
25 :
26 : }
27 :
28 : public class JavaTest {
29 :
30 :        public static void main(String args[]) {
31 :
32 :            Bank myBank = new Bank();
33 :
34 :            myBank.deposit(3000);
35 :            myBank.deposit(2000, 500);
36 :            myBank.print();
37 :
38 :        }
39 :
40 : }
```

연 습 문 제

1. 다음 조건을 만족하는 커피캔과 콜라캔을 판매하는 자동 판매기 클래스를 구현해보자. 클래스 이름은 Vender로 한다.

- 커피와 콜라 캔의 개수를 자동판매기에 입력하는 기능
- 커파와 콜라의 판매가 이루어질 때 각 캔의 개수를 감소시키는 기능
- 자동판매기에 남아 있는 현재 커피캔과 콜라캔의 개수를 출력하는 기능

2. 다음 조건을 만족하는 클래스 MyMath를 구현한 후 각 메소드를 호출해서 계산 결과를 확인해보자.

- 원의 지름을 전달하면 원의 넓이를 계산해 주는 메소드 포함
- 정수를 전달받으면 소수인지 여부를 알려주는 메소드 포함
- 정수를 전달받으면 그 정수의 계승(Factorial)을 계산해주는 메소드 포함

JAVA

클래스 고급

9장
클래스 고급

본 장에서는 8장에서 사용하던 Bank 클래스의 예를 계속 활용하여 클래스의 추가적인 기능을 설명한다.

클래스의 상속

은행의 새로운 지점이 생겼다고 가정해보자. 이 은행 지점도 은행의 일반적인 업무는 비슷하기 때문에 앞에서 제작한 Bank 클래스를 가져다가 바로 쓰는 것을 검토해 보았으나 문제가 하나 발생하였다. 이 은행에서는 Bank 클래스 기능에는 없는 대출 기능을 처리하려고 한다. 그렇다고 은행 업무에 필요한 클래스를 처음부터 다시 제작할 여건은 안 되고 최대한 Bank 클래스를 활용하고 싶어 한다. 어떤 해결 방법이 있을까?

이럴 때 사용할 수 있는 것이 클래스의 상속 기능이다. 한 클래스는 다른 클래스의 모든 기능을 그대로 상속하여 사용할 수 있다. 실세계에서 자식이 부모의 재산을 상속받는 경우와 유사하다. 어떤 클래스가 다른 클래스의 기능을 상속받을 때는 extends라는 키워드를 사용한다. 다음과 같은 경우 B 클래스는 A 클래스가 가지고 있는 기능을 모두 상속받아 마치 B 클래스에 구현되어 있는 것과 동일하게 사용할 수 있다. 이 경우 상속을 해주는 A클래스를 수퍼클래스, 상속을 받는 B클래스를 서브클래스라고 부른다. 하지만 본서에서는 보다 직관적인 이해를 위해 A를 부모클래스로 B를 자식클래스로 표현하기로 한다.

```
class A{
    ...
}

class B extends A {
    ...
}
```

새로 생긴 은행 지점에서도 그 지점만의 클래스를 만들어서 사용하되 기본 기능이 잘 구현되어 있는 Bank 클래스를 상속받아 이미 구현된 기능을 다시 구현하는 중복 작업은 피할 수 있다. 새로운 지점에서 만들고자 하는 클래스의 이름은 NewBank라고 가정하고 앞에서 제작한 Bank 클래스의 기능을 모두 상속받는지를 확인해보자.

소스코드 52의 29~31행에는 NewBank라는 새로운 클래스가 선언되어 있다. 하지만 NewBank 클래스의 내부에는 아무 내용도 없다. 31행에서 클래스 이름 NewBank 우측에 extends Bank라는 부분은 Bank 클래스의 모든 것을 상속받는 기능을 한다. 즉, NewBank 클래스는 Bank클래스와 동일한 기능을 할 수 있다.

38행을 보자 새로운 클래스 NewBank를 사용하여 myBank 객체 참조변수를 선언하고 객체를 초기화하였다. 40~42행을 보면 마치 Bank 클래스를 사용할 때와 동일한 메소드들을 호출하였다. 이렇게 상속기능을 통해 다른 클래스의 기능을 가져올 수 있으므로 재사용성이 높은 프로그램 작성이 가능해진다.

소스코드 52 **Bank 클래스를 상속받는 NewBank 클래스**

```
 1 : class Bank {
 2 :
 3 :     int money;
 4 :
 5 :     public Bank() {
 6 :         money = 0;
 7 :     }
 8 :
 9 :     public void deposit(int m) {
10 :         money += m;
11 :     }
12 :
13 :     public void deposit(int m, int bn) {
14 :         money += m + bn;
15 :     }
16 :
17 :     public void withdraw(int m) {
18 :         money -= m;
19 :     }
20 :
21 :     public void print()
22 :    {
23 :             System.out.println("잔액: " + money);
24 :     }
```

```
25 :
26 : }
27 :
28 :
29 : class NewBank extends Bank {
30 :
31 : }
32 :
33 :
34 : public class JavaTest {
35 :
36 :       public static void main(String args[]) {
37 :
38 :              NewBank myBank = new NewBank();
39 :
40 :              myBank.deposit(3000);
41 :              myBank.deposit(2000, 500);
42 :              myBank.print();
43 :
44 :       }
45 :
46 : }
```

자식 클래스에 메소드 추가

소스코드 52에서는 상속을 받는 자식 클래스인 NewBank에 아무 것도 넣지 않고 상속 기능만을 확인해보았다. 이번에는 NewBank 클래스에 새로운 메소드를 추가해보자. 이렇게 함으로써 새로운 은행 지점에서는 Bank 클래스가 지원하는 은행의 기본 기능에 자신만의 기능을 추가할 수 있게 된다. NewBank 클래스에 다음과 같이 대출 기능을 담당하는 메소드를 추가해보자. loan() 메소드는 대출해줄 금액을 매개변수로 전달받아 잔액 money에 추가해 주고 수수료로 100원을 가져간다고 가정을 한다.

```
public void loan(int n)
{
    money += n - 100;
}
```

소스코드 53의 30~32행을 보면 NewBank 클래스에 새로운 메소드 loan()이 추가되어 있는 것이 보인다. NewBank 클래스는 Bank 클래스에서 상속받은 모든 기능과함께 loan()이라는 새로운 메소드를 추가적으로 포함하는 클래스가 되었다.

43행에서는 NewBank 클래스의 객체 myBank에서 deposit() 메소드를 호출하여 3000원을 입금했으며, 44행에서는 loan() 메소드를 호출하여 50000원을 대출하여 잔액에 추가한다. 이렇게 다른 클래스를 상속받더라도 자식 클래스에서는 메소드를 추가하여 선언할 수 있다.

소스코드 53 **자식 클래스에 메소드 추가**

```
1 : class Bank {
2 :
3 :      int money;
4 :
```

```
 5 :       public Bank() {
 6 :             money = 0;
 7 :       }
 8 :
 9 :       public void deposit(int m) {
10 :             money += m;
11 :       }
12 :
13 :       public void deposit(int m, int bn) {
14 :             money += m + bn;
15 :       }
16 :
17 :       public void withdraw(int m) {
18 :             money -= m;
19 :       }
20 :
21 :       public void print() {
22 :          System.out.println("잔액: " + money);
23 :      }
24 :
25 : }
26 :
27 :
28 : class NewBank extends Bank {
29 :
30 :       public void loan(int n) {
31 :             money += n - 100;
32 :       }
33 :
34 : }
35 :
```

```
36 :
37 : public class JavaTest {
38 :
39 :     public static void main(String args[]) {
40 :
41 :         NewBank myBank = new NewBank();
42 :
43 :         myBank.deposit(3000);
44 :         myBank.loan(50000);
45 :         myBank.print();
46 :
47 :     }
48 :
49 : }
```

자식 클래스의 생성자와 부모 클래스의 생성자

이번에는 자식 클래스에 다음과 같은 생성자 메소드를 추가해보자. 자식 클래스의 이름은 NewBank이므로 생성자 메소드의 이름도 NewBank()가 된다.

```
public NewBank() {
    money = 500;
}
```

위 NewBank() 생성자에서는 상속받은 멤버변수 money를 500으로 초기화한다. 이 때 의문이 생긴다. 부모 클래스의 생성자에서는 money를 0으로 초기화하는데, 자식 클래스의 생성자에서는 money를 500으로 초기화할 경우 과연 money의 값은 어떤 수로 초기화될까?

소스코드 54의 30~32행에는 NewBank 클래스의 생성자 NewBank()가 추가되어 있다. 이 생성자에서는 money를 500으로 초기화하는 일을 한다. 47행에서는 NewBank의 객체 myBank를 생성한 후 아무 작업도 하지 않고 바로 print() 메소드를 호출하여 money의 값을 출력한다. 만약 출력된 값이 0이라면 자식 클래스의 생성자가 실행된 후 부모 클래스의 생성자가 실행된 것으로 볼 수 있다. 최종적으로 0으로 초기화가 이루어진 것이기 때문이다. 반대로 출력된 값이 500이라면 부모클래스의 생성자가 먼저 실행되고 자식 클래스가 생성되었다는 것을 의미한다. 다음은 소스코드 54의 실행결과이다.

```
잔액: 500
```

출력된 결과에서 알 수 있듯이 상속 관계에 있는 클래스들의 생성자는 부모 클래스의 생성자가 실행된 후 자식 클래스의 생성자가 실행됨을 알 수 있다.

소스코드 54 **상속 시 생성자의 실행 순서**

```
1 : class Bank {
2 :
3 :     int money;
4 :
5 :     public Bank() {
6 :         money = 0;
7 :     }
8 :
```

```
 9 :        public void deposit(int m) {
10 :                money += m;
11 :        }
12 :
13 :        public void deposit(int m, int bn) {
14 :                money += m + bn;
15 :        }
16 :
17 :        public void withdraw(int m) {
18 :                money -= m;
19 :        }
20 :
21 :        public void print() {
22 :            System.out.println("잔액: " + money);
23 :       }
24 :
25 : }
26 :
27 :
28 : class NewBank extends Bank {
29 :
30 :        public NewBank() {
31 :                money = 500;
32 :        }
33 :
34 :        public void loan(int n) {
35 :                money += n - 100;
36 :        }
37 :
38 : }
39 :
```

```
40 :
41 : public class JavaTest {
42 :
43 :       public static void main(String args[]) {
44 :
45 :              NewBank myBank = new NewBank();
46 :
47 :              myBank.print();
48 :
49 :       }
50 :
51 : }
```

오버 라이딩(자식 이기는 부모 없다)

앞의 예에서 새로운 은행 지점을 위해서 만든 클래스 NewBank에서 print() 메소드를 호출할 때는 상속받은 부모 클래스의 print() 메소드가 호출된다. 여기에 상황을 또 하나 가정해보자. print() 메소드에서는 "잔액: 1000"과 같은 식으로 출력 메시지가 불친절해서 고객들이 불만을 가진다는 것을 알게 되었다. 그래서 "잔액은 1000원입니다."와 같이 출력 메시지를 친절하게 바꾸고자 하였다. 그래서 Bank 클래스의 print() 메소드를 고치려고 했더니 Bank 클래스는 여러 은행에서 이미 공용으로 사용하기로 해서 Bank 클래스의 수정은 불가한 상황이라고 한다. 어떤 해결책이 있을 수 있을까?

이런 경우에는 부모 클래스에 있는 print() 메소드와 동일한 이름의 메소드를 자식 클래스인 NewBank에서 다시 만들어서 사용하면 된다. 소스코드 55의 21~23행을 보면 부모클래스인 Bank 내에 print()라는 메소드가 존재한다. 그런데 38~40행을 보면 자식 클래스인 NewBank에서 부모 클래스와 동일한 이름을 가진 메소드 print()를 다시 만들어 사용하고 있다. 두 메소드는 이름은 같으나 내용은 다르다. 이렇게 부모 클래스와 자식 클래스에 동일한 이름의 메소드가 있을 경우 자식 클래스에서 만든 것이 유효하며 부모 클래스의 메소드는 무시된다. 우리 속담에 "자식 이기는 부모 없다."는 말이 Java에서도 통하는 듯 하다. 이렇게 자식 클래스의 메소드가 부모의 메소드에 우선하는 특성을 오버라이딩 (Overriding)이라고 부른다.

51행에서는 myBank 객체의 print() 메소드를 호출하여 잔액을 출력한다. 이때 출력되는 결과를 보면 NewBank 클래스의 print() 메소드가 호출된 것인지, Bank 클래스의 print() 메소드가 호출된 것인지를 알 수 있다. 다음은 소스코드 55의 출력결과이다. NewBank 클래스의 print() 메소드가 호출된 것을 알 수 있다.

```
잔액은 500원입니다.
```

소스코드 55 **오버라이딩**

```
1 : class Bank {
2 :
3 :     int money;
4 :
5 :     public Bank() {
6 :             money = 0;
```

```
 7 :        }
 8 :
 9 :        public void deposit(int m) {
10 :               money += m;
11 :        }
12 :
13 :        public void deposit(int m, int bn) {
14 :               money += m + bn;
15 :        }
16 :
17 :        public void withdraw(int m) {
18 :               money -= m;
19 :        }
20 :
21 :        public void print() {
22 :           System.out.println("잔액: " + money);
23 :      }
24 :
25 : }
26 :
27 :
28 : class NewBank extends Bank {
29 :
30 :        public NewBank() {
31 :               money = 500;
32 :        }
33 :
34 :        public void loan(int n) {
35 :               money += n - 100;
36 :        }
37 :
```

```
38 :        public void print() {
39 :                System.out.println("잔액은 " + money + "원입니다.");
40 :        }
41 :
42 : }
43 :
44 :
45 : public class JavaTest {
46 :
47 :        public static void main(String args[]) {
48 :
49 :                NewBank myBank = new NewBank();
50 :
51 :                myBank.print();
52 :
53 :        }
54 :
55 : }
```

접근제한자

지금까지 클래스에 대한 설명을 진행해오면서 public과 같은 키워드는 접근제한자라는 정도로만 간단하게 설명되었다. 접근제한자는 무엇이며 어떤 종류가 있는지 알아보자. 접근제한자는 클래스, 클래스의 멤버변수, 클래스의 메소드 등에 대하여 사용 권한을 제한하는 표시로 사용된다. 접근제한자는 private, public, protected, default등의 4가지 종류가 있다. 마치 은행의 금고에 외부인 접근 제한을 두는 것과도 유사하다. 실세계에서도 어떤 시설에 접근 제한을 둘 때는 외부인만 접근을 제한하는 경우도 있지만, 내부인이라도 보안 등급에 따라서 접근을 제한하는 경우 등 여러 가지 방식의 접근제한 방식이 사용된다. Java에서도 어떤 대상에 대해 접근을 제한할 때는 다음과 같이 같은 클래스, 같은 패키지, 자식클래스 등의 대상으로 나누어 접근을 제한한다. 참고로 다음 표에서 패키지는 클래들을 구분하여 모아둔 폴더라고 이해하면 된다. 패키지에 대해서는 10장에서 자세히 설명된다.

접근제한자	같은 클래스	같은 패키지	자식 클래스
public	○	○	○
private	○	×	×
default	○	○	×
protected	○	○	○

위 표를 하나씩 풀어서 살펴보면 접근제한자의 특성을 보다 쉽게 이해할 수 있다. 접근제한자는 클래스, 멤버변수, 메소드 등 3가지의 앞에 위치하며 이것들에 대한 접근을 제한한다.

1. public 접근제한자

단어의 의미에서 볼 수 있듯이 공개의 정도가 가장 높은 접근제한자이다. 같은 클래스, 같은 패키지, 자식 클래스, 그리고 다른 패키지 내에 들어 있는 메소드들에서 얼마든지 접근할 수 있다. 멤버변수 앞에 public 접근제한자를 사용하면 어떤 프로그래밍 위치에서든지 접근이 가능하므로 멤버변수 앞에 public 접근제한자를 두는 것은 주의를 해야 한다.

2. private 접근제한자

private은 public과 가장 상반되는 특성을 가진 접근제한자이다. 같은 클래스 내의 메소드들에서는 동일한 클래스 내부이니 당연히 접근이 가능하다. 하지만 동일한 클래스를 제외한 모든 곳에서는 접근이 불가능하다. 따라서 자식 클래스, 다른 패키지 등의 메소드에서 접근이 불가능한 가장 보안성이 높은 특성을 가지고 있다. 하지만 무조건 private으로 설정한다고 좋은 것은 아니다. 필요에 따라서는 외부의 접근이 필요해지기 때문이다. 만약 어떤 클래스의 메소드에 대해 접근제한자를 private으로 해놓는다면 클래스 외부에서는 메소드를 호출할 수 없기 때문에 아무런 작업도 할 수 없게 된다. 또한 그 클래스를 상속받은 자식 클래스에서도 부모 클래스의 메소드를 사용할 수 없는 일이 벌어질 것이다.

3. default 접근제한자

default 접근제한자는 아무 접근제한자도 직접 명시하지 않을 경우 기본적으로 제공되는 접근제한자이다. 예를 들어 멤버변수를 선언할 때 아무 접근제한자도 명시하지 않는다면 그 멤버변수는 default 접근제한자를 가진 것이 된다. default 접근제한자의 기본 특성은 동일한 패키지내에서만 접근이 가능하다는 점이다. 같은 패키지에서 클래스의 상속이 발생할 경우 자식클래스에서 상위 클래스의 default 접근제한자를 가진 멤버변수나 메소드를 접근하거나 호출할 수 있다. 하지만 상속을 받는 자식 클래스가 다른 패키지에 있다면 그 자식 클래스에서는 부모클래스의 default 접근제한자를 가진 멤버변수나 메소드에 접근이 불가능하다. 즉 모든 접근은 동일 패키지 내에서만 가능하다는 점이 defulat 접근제한자의 핵심이다.

4. protected 접근제한자

protected 접근제한자는 default 접근제한자와 매우 유사한 특징을 가지고 있다. 기본적으로는 동일 패키지 내에서만 접근이 가능한 특징을 가진다. 하지만 다른 패키지 내에서도 접근이 허용되는 경우가 하나 있다. 부모 클래스를 상속받는다면 부모 클래스와 패키지가 달라도 부모 클래스의 멤버변수나 메소드에 접근할 수 있다.

static 메소드

다음 코드는 지금까지 FirstJava 프로젝트 내에서 기본적으로 사용해오던 main() 메소드의 선언 부분이다. main() 메소드 앞에 위치한 public은 접근제한자이고 void는 메소드의 반환값이 없다는 의미이다. 한편, main() 메소드 앞에 위치한 키워드들 중 static은 아직도 생소하다. static의 기능을 알아보자.

```
public static void main(String args[])
```

클래스는 앞의 설명에서 은행의 설계도에 비유했었다. 설계도만으로는 실제 은행의 업무를 수행할 수 없기 때문에 은행 업무를 수행하려면 땅을 사서 은행 건물을 지어야 한다. 클래스도 객체의 기능을 구현해 놓은 형(template)이기 때문에 실제 기능을 수행하기 위해서는 메모리 공간에 클래스의 실제 객체를 생성하는 과정이 필요하다. 메모리에 생성된 실제 객체를 프로그래밍 용어로는 인스턴스(instance)라고 부른다.

메소드 이름 앞에 static을 붙이면 그 메소드는 static 메소드가 되며 메모리에 객체가 생성되지 않아도 기능을 수행할 수 있게 된다. 즉, 인스턴스가 없어도 클래스의 메소드를 실행할 수 있다는 의미이다. 은행의 경우에 비유하자면 은행 건물을 짓고 직원을 고용할 필요 없이, 은행의 설계도에 따른 기능을 수행하는 출장 직원의 경우와 유사할 것이다.

그렇다면 static 메소드가 일반 메소드에 비해 편리한 점은 무엇일까? 예를 들어 원의 지름을 이용하여 원의 원주를 구할 일이 자주 있어서 클래스로 만들어두고 싶다고 가정을 해보자. 그래서 다음과 같이 MyMath라는 클래스를 선언하고 그 안에 원주를 구하는 메소드 circumference()를 구현하였다.

```
class MyMath {
    public float circumference(float diameter) {
        return diameter * 3.14;
    }
}
```

이제 원주를 구하는 코드를 작성해보자. MyMath클래스의 메소드를 실행하기 위해서는 MyMath 클래스의 객체가 메모리에 생성되어야 한다. 그래서 다음과 같이 클래스의 객체를 생성하여 통하여 원주를 계산할 수 있다.

```
MyMath math = new MyMath();
float result = math.circumference( 10.0f );
```

한편, 이렇게 멤버변수와 상관없이 단독 기능만 수행하는 메소드들의 경우에는 다음과 같이 static 메소드로 선언해 놓으면 사용이 매우 편리해진다.

```
class MyMath {
    public static float circumference(float diameter) {
        return diameter * 3.14;
    }
}
```

위와 같이 static으로 선언된 circumference() 메소드는 객체의 생성 과정을 거치지 않고도 다음과 같이 바로 사용될 수 있다. 클래스 이름인 MyMath 다음에 마침표(.)를 두고 메소드 이름을 사용하면 그 메소드가 실행된다. 멤버 변수와 관계없이 단독으로 사용되는 메소드들은 이런 static 형태의 메소드들로 만들어 놓으면 사용이 편리하다.

```
float result = MyMath.circumference( 10.0f );
```

 static 멤버변수

하나의 클래스에 대하여 여러 개의 객체가 메모리에 생성될 때, 그 객체들이 차지하는 메모리는 서로 독립적인 곳에 위치한다. 따라서 그 객체들 내의 멤버변수들도 메모리의 서로 다른 곳에 독립적으로 위치하며, 그 멤버변수들의 값들 역시 서로 독립적으로 운영된다.

한편, 멤버변수를 선언할 때 그 앞에 static을 사용하면 그 멤버변수는 그 클래스로 생성된 모든 객체들이 공용으로 사용하게 된다. 즉, static 멤버변수는 메모리의 한 곳에만 생성되며 두 개 이상의 객체가 생성되더라도 static 멤버변수들의 공간은 더 만들지 않고 처음 생성된 static 멤버변수를 공용으로 사용한다.

예를 살펴보자. 앞에서 사용한 MyMath 클래스를 약간 수정하였다. static 메소드였던 원주를 구하는 메소드 circumference()는 static이 아닌 일반 메소드로 변경하였다. 멤버변수 pi를 사용하는 예를 보이기 위해서이다. 그리고, 멤버변수 pi를 선언하고 그 값을 3.14f로 초기화하였다.

```
class MyMath {

    float pi = 3.14f;

    public float circumference(float diameter) {
        return diameter * pi;
    }
}
```

이 MyMath 클래스를 사용하여 객체를 2개 생성하고 각 객체를 사용하여 원주를 구하는 코드를 만들어보자.

```
MyMath math1 = new MyMath();
MyMath math2 = new MyMath();

float result1 = math1.circumference(10);
float result2 = math2.circumference(20);
```

이렇게 두 개의 객체를 선언하고 생성하여 사용할 경우 각 객체의 크기만큼의 메모리 공간이 각 객체에 할당되며 그 안에 멤버 변수 pi도 각각 존재하게 된다. 그런데, pi와 같은 값은 변하는 값이 아니므로 각 객체마다 멤버변수 pi를 위한 공간을 각각 가지고 있을 필요가 없다. 그런데도 각 객체마다 멤버변수 pi를 각각 가지고 사용한다면 메모리도 낭비되며 일관성이 떨어질 수도 있다. 이런 경우 다음과 같이 pi 멤버변수를 static 방식으로 사용하면 이런 문제를 해결할 수 있다.

```
class MyMath {

    static float pi = 3.14f;

    public float circumference(float diameter) {
        return diameter * pi;
    }
}
```

static이 붙어있는 멤버변수는 객체가 처음 생성될 때 한 번 생성된 후 그 다음부터는 객체가 아무리 많이 생성되어도 이 멤버변수를 공유하게 된다. 이 경우 여러 객체 중 한 객체에서라도 멤버변수 pi의 값을 변경하면 모든 객체에서 변경된 값을 사용하게 된다는 점을 잘 인식하고 사용해야 한다. 한 멤버변수를 공유하니 발생하는 당연한 현상이다. 이 특징은 업데이트되는 한 변수의 값을 여러 객체들이 공유하고자 하는 경우에는 유용한 기능이지만, 반대로 어떤 객체에서 실수로 이 멤버변수의 값을 잘못 변경한 경우 다른 객체들도 모두 영향을 받으므로 주의가 필요하다.

final 키워드

앞에서 작성한 MyMath 클래스의 멤버변수 pi는 원주율 3.14f 값을 가지고 있다. 3.14라는 원주율 값은 자주 변경되는 값도 아니며 잘못 변경될 경우 문제를 일으킬 수 있다. 그래서 실수로라도 이 값이 변경되지 않도록 보장하는 방법이 있다. final이라는 키워드를 사용하면 변수의 값은 처음 설정된 이후로는 변경이 불가능하므로 원하는 값을 확정해 놓을 수 있다. 다음 예와 같이 static 멤버변수 pi의 선언부분을 static final float pi = 3.14f;과 같이 해 놓으면 멤버변수 pi는 static 특성을 가지며 final 특성도 가지므로 모든 객체에서 공유하면서도 실수로 값이 변경되는 것을 방지할 수 있게 된다.

```
class MyMath {

    static final float pi = 3.14f;

    public float circumference(float diameter) {
        return diameter * pi;
    }
}
```

this와 super

다음 코드에서는 Son 클래스가 Dad 클래스를 상속받고 있으며, 두 클래스 모두 멤버변수로 n을 가지고 있다. Dad 클래스의 n의 값은 10이고 Son 클래스의 n의 값은 20이라고 가정할 때, Son클래스에서

n을 출력하면 기본적으로 Son 클래스 자신의 멤버변수 n을 기본적으로 사용하게 되어 20이 출력된다.

```
class Dad {
    int n = 10;
}

class Son extends Dad {
    int n = 20;
    public void print()
    {
            System.out.println(n);
    }
}
```

한편, 위의 코드를 this와 super 키워드를 사용하여 다음과 같이 수정해보자. this는 자신의 클래스를 의미하며 super는 부모 클래스를 의미한다. 따라서 다음 코드에서 super.n은 부모클래스인 Dad의 n을 의미하며 그 값으로 10이 먼저 출력되고, 그 다음 this.n에서는 Son 클래스 자신의 n을 의미하므로 20이 출력된다.

```
class Dad {
    int n = 10;
}

class Son extends Dad {
    int n = 20;
    public void print()
    {
```

```
            System.out.println(super.n);
            System.out.println(this.n);
        }
    }
```

객체지향 프로그래밍의 장점

지금까지 Java에서 클래스를 선언하고 사용하는 방법과 함께 상속성 등의 다양한 특징들을 살펴보았다. 클래스를 사용하는 프로그래밍을 객체 지향 프로그래밍(Object Oriented Programming)이라고 부른다. 이를 줄여서 OOP라고 약어로 부르기도 한다. 객체 지향 프로그래밍의 장점은 무엇일까? 앞에서 살펴본 내용을 기반으로 몇 가지로 그 장점을 정리해본다.

객체지향 프로그래밍은 다양한 장점을 가지고 있지만, 다음과 같이 다섯 가지로 요약해볼 수 있다.

1. 추상화 (Abstraction)

객체의 특징을 추출하여 클래스로 형상화한다.

2. 정보은폐 (Information Hiding)

클래스 내부 자료에 대한 직접적인 접근을 차단하여 객체의 독립성을 높이고 오류 발생을 방지한다.

3. 캡슐화 (Encapsulation)

객체의 내부 자료에 대한 접근은 메소드를 통해서만 가능하도록 한다.

4. 상속성 (Inheritance)

부모(수퍼) 클래스의 기능을 자식(서브) 클래스가 상속받을 수 있다.

5. 다형성 (Polymorphism)

동일한 이름으로 다양한 기능을 구현할 수 있다. 앞에서 살펴본 오버 로딩(Over Loading)과 오버라이딩(Overriding)이 다형성에 해당된다.

연 습 문 제

1. 다음 조건을 만족하는 클래스 MyMath를 구현해보자. 단, 각 메소드는 static형태로 구현하여 객체를 선언하지 않고 직접 메소드를 호출하여 계산 결과를 확인해보자.

- 원의 지름을 전달하면 원의 넓이를 계산해 주는 메소드 포함
- 정수를 전달받으면 소수인지 여부를 알려주는 메소드 포함
- 정수를 전달받으면 그 정수의 계승(Factorial)을 계산해주는 메소드 포함

2. 앞장에서 구현한 커피캔과 콜라캔 자동판매기 클래스 Vender를 상속받은 후 자동 판매기의 소유주를 설정하고, 변경하고, 삭제하는 기능을 추가하는 클래스를 제작해보자.

JAVA

패키지

10장
패키지

본 장에서는 각 클래스를 별도의 파일에 구현하여 사용하고 이를 다시 패키지라는 단위로 나누어 관리하는 방법을 설명한다. 파일과 패키지를 구성하여 사용하는 방법에 대한 설명은 이클립스를 기반으로 진행한다.

클래스를 별도의 파일에 구현하기

지금까지는 하나의 파일 JavaTest.java 내에서 모든 프로그래밍을 진행해왔다. 실제 프로그래밍 작업에서는 클래스들을 별도의 파일에 구현하여 여러 개의 파일로 하나의 프로젝트가 구성된다. 여러 파일로 나누지 않고 한 개의 파일 내에 수천 행의 Java 코드를 넣어 프로그래밍을 진행한다면 이해도 어렵고 편집도 불편하다. 그리고 일부만 수정해도 전체 코드를 다시 컴파일하게 되는 비효율성도 발생한다. 앞에서 구현한 Bank 클래스를 분리하여 다른 파일에 구현하는 과정을 살펴보자.

이클립스 좌측의 패키지 익스플로러(Package Explorer)의 창을 통하여 현재 진행하고 있는 프로젝트의 소스코드 파일을 확인해보면 그림 29와 같다. 프로젝트 이름 아래의 src라는 요소는 source code의 약어로 그 아래 소스코드들이 위치한다. src 아래에는 패키지들이 나열되는데, 현재까지 특별한 패키지를 만든 것이 없기 때문에 그림 29의 화면에는 (default package)라는 패키지가 보인다. (default package)는 기본 폴더와 같은 개념이라고 이해하면 된다. (default package) 아래 우리가 작업하고 있는 javaTest.java라는 소스 파일이 하나 들어 있다.

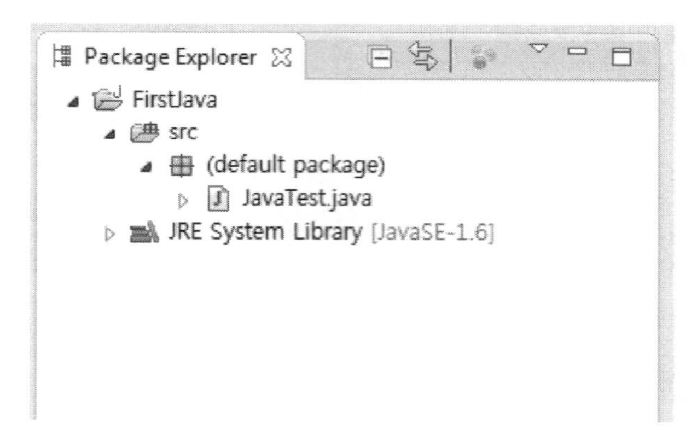

그림 29 _ JavaTest.java 소스코드 파일

파일을 하나 추가하기 위하여 그림 29의 패키지 익스플로러에서 (default pacakge)를 마우스 우측 버튼으로 누른 후 [New -> File] 메뉴를 차례로 누르면 그림 30과 같이 새 파일 이름을 입력하는 창이 나타난다. 새 파일의 이름을 Bank.java로 입력하고 Finish 버튼을 누른다. 주의할 점은 첫 글자 B는 대문자로 입력하여 파일 이름이 추가할 클래스 이름인 Bank와 동일하도록 만들어준다. 그림 31은 Bank.java 파일이 추가된 후의 패키지 익스플로러 창의 모습이다.

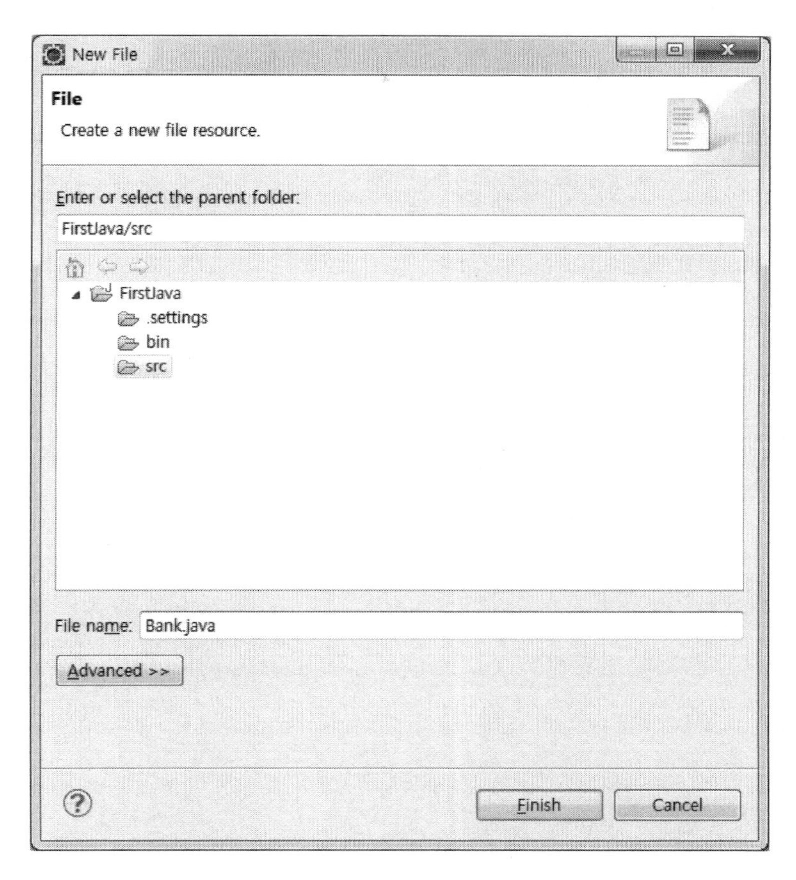
New File
File
Create a new file resource.
Enter or select the parent folder:
FirstJava/src
FirstJava
.settings
bin
src
File name: Bank.java
Advanced >>
Finish
Cancel

그림 30 _ 새 파일 추가 창

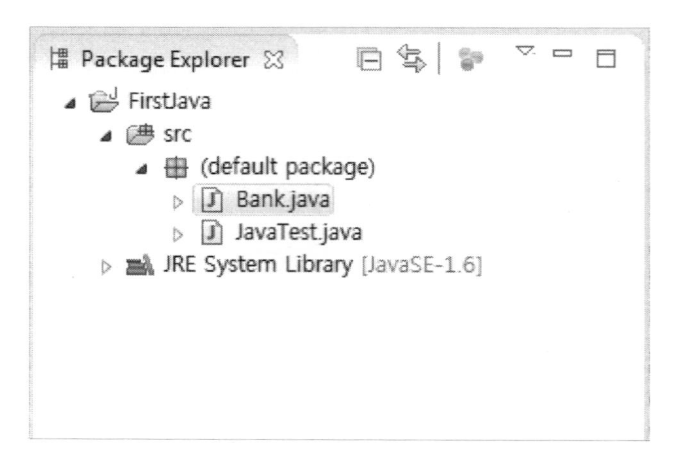

그림 31 _ 추가된 Bank.java 파일

Bank.java 파일을 더블클릭하면 우측 편집창이 빈 칸으로 나타난다. 새 파일을 추가는 했지만 입력된 내용이 없기 때문이다. Bank.java 파일의 편집창에 소스코드 56의 Bank 클래스를 입력하자. 소스코드 56에는 기본 은행 입출금 기능만 구현한 Bank 클래스가 들어있다.

소스코드 56의 1행을 보면 class 앞에 public 접근제한자가 입력되어 있는 것을 볼 수 있다. 만약 접근제한자 없이 class Bank라고만 입력을 하면 Bank 클래스의 접근 제한자는 default가 되므로 다른 패키지에서는 접근이 불가능해진다. 클래스를 만드는 목적은 어디에서나 사용하기 위한 재사용성이 주 목적이므로 public 접근제한자를 사용하여 모든 패키지에서 접근이 가능하다록 하는 것이 좋다.

규칙이 한 가지 더 있다. 한 파일에 public 접근제한자를 가지는 클래스는 한 개만 존재할 수 있다. 그리고 public 접근제한자를 가지는 클래스의 이름은 그 클래스가 속한 파일 이름과 동일해야 한다. 소스코드 56에서 클래스 이름은 Bank이다. 그래서 파일 이름도 Bank.java로 정한 것이다. public 접근제한자를 가지지 않은 일반 클래스들은 같은 파일 내에서 원하는 수만큼 선언하여 사용할 수 있다. 이런 클래스들은 주로 한 파일 내부에서 사용하기 위한 기능을 구현하기 위한 목적을 가진다.

소스코드 56 **Bank.java 파일**

```
 1 : public class Bank {
 2 :
 3 :       int money;
 4 :
 5 :       public Bank() {
 6 :              money = 0;
 7 :       }
 8 :
 9 :       public void deposit(int m) {
10 :              money += m;
11 :       }
12 :
13 :       public void withdraw(int m) {
14 :              money -= m;
15 :       }
16 :
17 :       public void print() {
18 :               System.out.println("잔액: " + money);
19 :      }
20 :
21 : }
```

프로젝트의 메인 파일인 JavaTest.java에는 다른 것은 모두 삭제하고 소스코드 57의 코드만을 입력하도록 한다. 소스코드 57을 보면 5행에서 Bank 클래스의 객체 참조변수 myBank를 선언하는 부분이 나온다. 현재 JavaTest.java 파일 안에는 Bank라는 클래스가 구현되어 있지 않음에도 에러가 없이 실행된다. Bank.java 파일 내에 Bank 클래스가 구현되어 있기 때문이다. 이렇게 사용하고자 하는 클래스가 같은 파일 내에 없어도 다른 파일에 구현되어 있으면 그 클래스를 사용할 수 있다. 이런 방법으로 실제 업무에서는 큰 프로젝트를 기능별로 여러 개의 파일로 분리하여 구현한다.

한 가지 기억해두어야 할 점은 프로젝트 내에 들어 있는 JavaTest.java와 Bank.java는 현재 (default package)라는 같은 패키지 내에 위치해 있다는 점이다. 만약 사용하고자 하는 클래스가 다른 패키지 내의 파일에 들어 있다면 import라는 작업을 해주어야 하는데, 이는 다음 절에서 설명된다.

소스코드 57 **Bank 클래스가 분리된 코드**

```
 1 : public class JavaTest {
 2 :
 3 :      public static void main(String args[]) {
 4 :
 5 :            Bank myBank = new Bank();
 6 :
 7 :            myBank.deposit(1000);
 8 :            myBank.print();
 9 :
10 :      }
11 :
12 : }
```

그림 32는 Bank.java 파일이 추가된 후 실제 디스크의 프로젝트 폴더 아래의 src 폴더의 내용을 보여주고 있다. 두 개의 파일이 위치해 있는 것을 볼 수 있다.

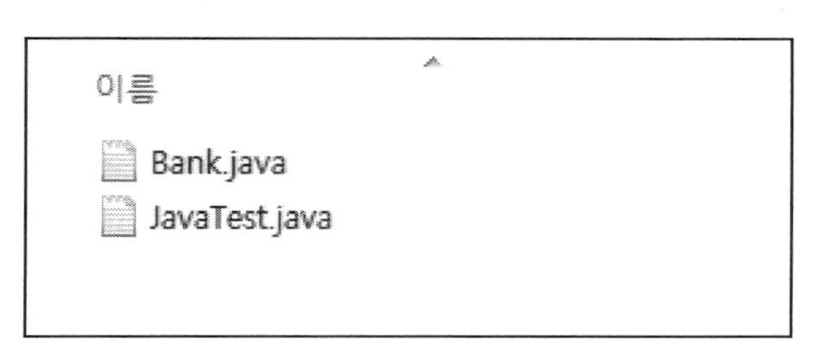

그림 32 _ 프로젝트의 src 폴더

패키지 만들기

새로운 패키지를 만드는 방법을 알아본다. 패키지 익스플로러에서 프로젝트 이름을 마우스 우측 버튼을 클릭한 후 [New -> Package] 메뉴를 차례로 선택하면 그림 33과 같은 새로운 패키지 입력창이 나타난다. 새로운 패키지 이름은 myutil이라고 입력하고 Finish 버튼을 누르면 myutil이라는 패키지가 새로 생성된다. 관행적으로 패키지 이름은 소문자로 만든다는 점도 알아두자.

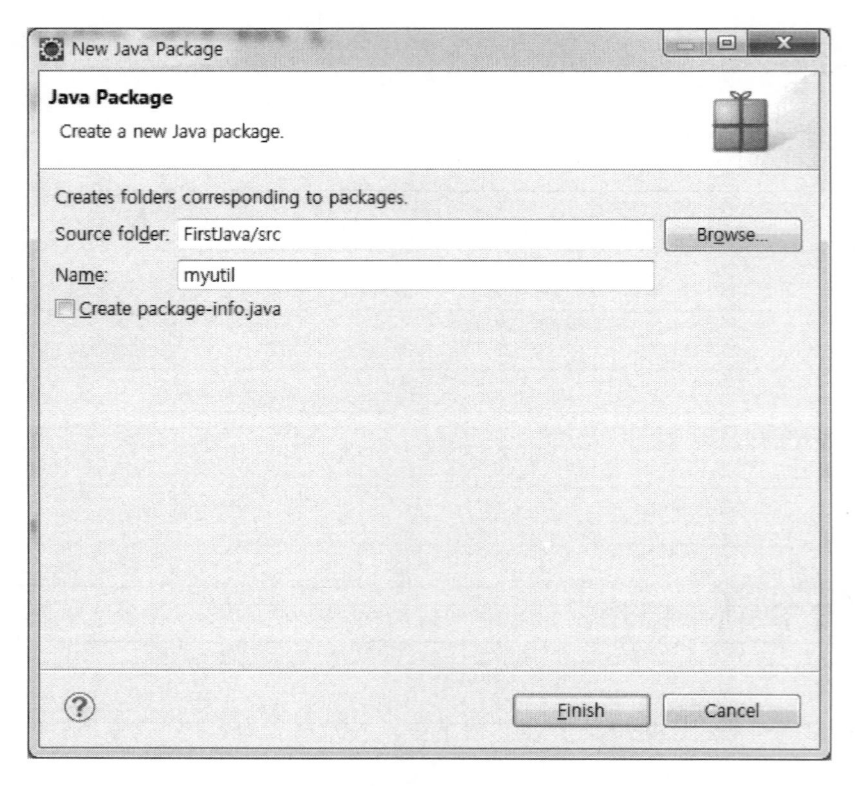

그림 33 _ 새로운 패키지 이름 입력창

그림 34의 패키지 익스플로러 화면을 보면 새로 추가한 myutil 패키지가 src 아래에 존재하는 것이 보인다. 그림 35는 실제 디스크의 프로젝트 폴더의 src 폴더 아래에 새로 추가된 패키지 이름의 폴더가 생성되어 있는 것을 보여준다. 이렇게 패키지가 생성되면 그 패키지 이름으로 폴더가 하나 생성된다. 따라서 패키지는 폴더별로 Java 파일들을 관리하기 위한 개념이라고 생각하면 패키지를 쉽게 이해할 수 있다.

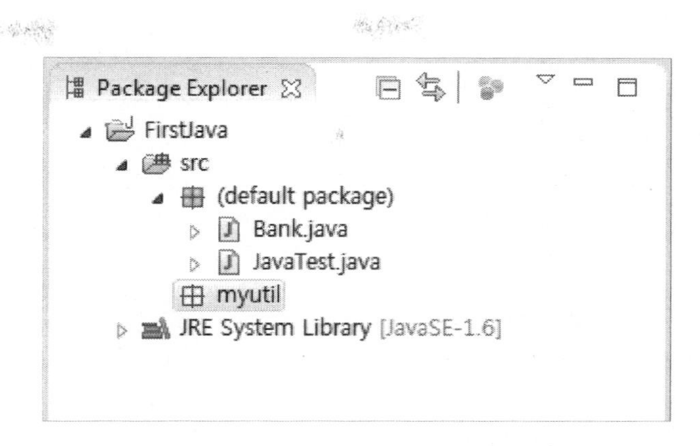

그림 34 _ 패키지가 추가된 프로젝트

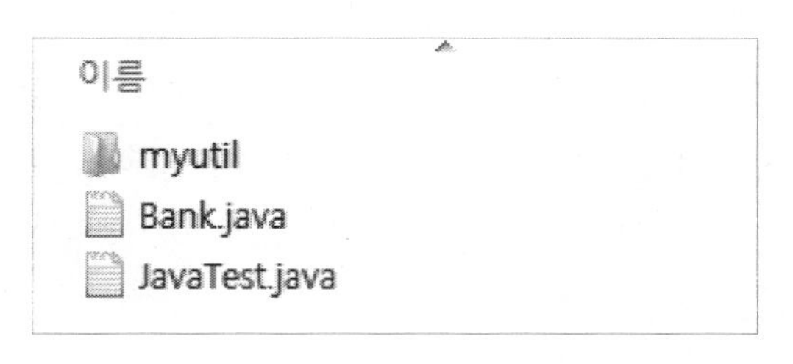

그림 35 _ 패키지 폴더

 import

패키지 익스플로러에서 (default package)에 들어 있는 Bank.java 파일을 마우스로 드래그하여 새로 생성한 패키지 myutil로 옮긴다. 이 때 이클립스는 실제 디스크에서도 Bank.java 파일을 myutil 폴더 안으로 이동시킨다. 이 때 주목해야할 점은 Bank.java가 더 이상 javaTest.java 파일과 같은 패키지 안에 있지 않다는 점이다. 그리고 Bank.java 파일의 상단(대부분 첫 라인)에 다

음과 같은 패키지 선언을 해주어야 한다. 이 파일은 myutil이라는 패키지의 소속이라는 것을 명시해주는 것이다.

```
package myutil;

public class Bank {
            int money;
        .... 생략 ...
```

소스코드 58은 Bank.java 파일을 myutil 패키지로 이동한 직후의 JavaTest.java 파일의 내용이다. 1행을 보면 import myutil.Bank;라는 구문이 보인다. 같은 패키지 내에서는 다른 파일의 클래스를 사용할 때는 별도의 패키지를 지정할 필요가 없지만, 사용하고자 하는 클래스가 들어 있는 파일이 다른 패키지에 있다면 import 구문을 사용하여 해당 클래스가 들어 있는 패키지와 클래스 이름을 지정해 주어야 한다.

Bank.java 파일이 myutil이라는 다른 패키지에 위치하므로 1행에서는 import myutil.Bank; 구문을 통하여 해당 클래스의 위치를 지정한 것이다. 원래 import 구문은 프로그래머가 직접 입력을 해주어야 하나, 이클립스에서는 이 처리가 자동으로 이루어진다. 만약 1행을 지운다면 7행의 Bank 클래스 사용 부분에서 에러가 발생하게 된다.

만약 import 구문이 없거나 삭제되면 어떻게 하면 될까? 필요한 패키지가 무엇인지를 확인하여 직접 import 구문을 작성해주면 될 것이다. 하지만 이클립스에서는 필요한 import 구문을 자동으로 생성해주는 매우 편리한 기능이 있다. 키보드에서 [Control - Shift - O] 키를 동시에 누르면 이클립스는 사용하고자하는 클래스의 파일이 들어 있는 패키지를 자동으로 찾아서 import 구문들을 생성해준다.

프로그래머가 직접 만든 클래스의 파일이 다른 패키지에 속한 경우 이외에도 Java에서 기본적으로 제공하는 클래스를 사용할 경우 [Control - Shift - O] 키를 동시에 누르면 이클립스는 해당 패키지의 경로를 찾아서 import 구문을 생성해준다.

소스코드 58 **클래스 import 하기**

```
 1 : import myutil.Bank;
 2 :
 3 : public class JavaTest {
 4 :
 5 :     public static void main(String args[]) {
 6 :
 7 :             Bank myBank = new Bank();
 8 :
 9 :             myBank.deposit(1000);
10 :             myBank.print();
11 :
12 :     }
13 :
14 : }
```

패키지 익스포트

Java에서는 패키지들을 편리하게 모아서 관리할 수 있는 jar라는 파일 형태를 제공한다. JAR는 Java ARchive의 약어이다. 패키지들을 하나의 JAR 파일로 모아 놓으면 이 JAR 파일을 다른 Java 프로그램에서 라이브러리로 등록하여 그 JAR 파일의 모든 클래스들을 import하여 편리하게 사용할 수 있다. JAR 파일에는 패키지 파일들과 몇 가지 메타정보가 함께 압축된다. 앞에서 만든 myutil이라는 패키지를 JAR 파일로 익스포트하는 방법을 알아보자.

이클립스에서 [File -〉 Export] 메뉴를 차례로 선택하면 그림 36과 같은 익스포트 선택 창이 나타난다. 이 창에서 Java 아래의 JAR file을 선택하여 JAR 파일로 익스포트하는 단계로 진행한다.

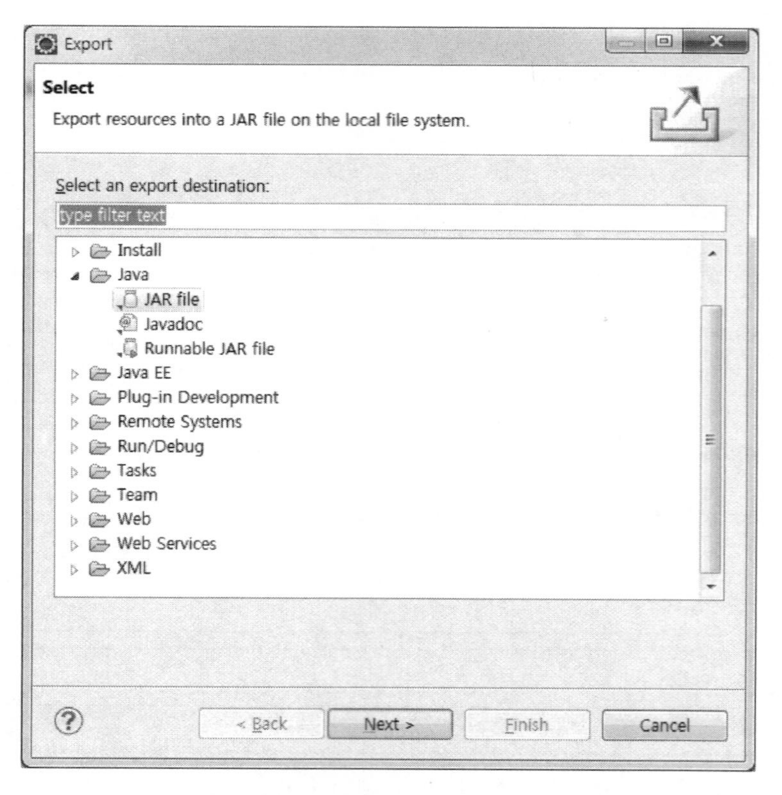

그림 36 _ 익스포트 선택 화면

그림 37은 익스포트할 JAR 파일의 내용을 설정하는 화면이다. 먼저 하단의 JAR file: 항목에 익스포트될 JAR 파일의 위치와 JAR 파일의 이름을 입력한다. 본서에서는 H:₩ 위치에 myLib.jar라는 파일 이름을 입력하였다. 익스포트가 되는 위치는 바탕 화면이나 문서 폴더 등 기타 원하는 폴더로 설정할 수 있다.

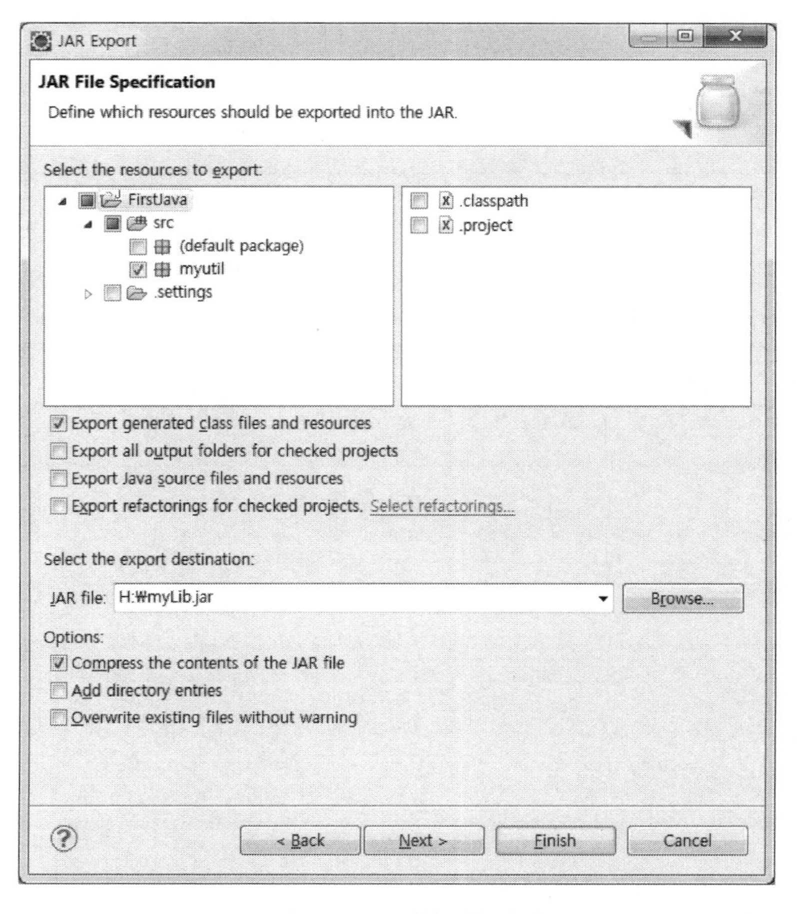

그림 37 _ JAR 파일 내용 설정

그림 37의 상단 좌측의 하얀색 박스에서는 익스포트하고자 하는 대상이 되는 패키지들을 선택할 수 있다. 본서에서는 myutil이라는 패키지만 선택하고 나머지는 선택에서 제외하였다. 설정을 완료한 후 하단의 Finish 버튼을 누르면 지정한 위치의 폴더에 지정한 JAR 파일이 생성된다. 이런 과정을 거쳐 앞에서 만든 Bank 클래스는 myutil이라는 패키지에 위치하도록 했고, myutil 패키지를 myLib. jar라는 외부 파일로 익스포트하는 전체적인 과정을 살펴보았다. 다음 절에서는 이렇게 익스포트된 jar 파일을 사용하는 방법을 살펴볼 것이다.

외부 jar 파일의 라이브러리 등록

앞 절에서 익스포트가 완료된 myutil 패키지를 우측 마우스 버튼으로 누른 후 Delete 메뉴를 선택하여 삭제하도록 한다. 또한 JavaTest.java 파일의 상단에 있는 import 구문들도 모두 삭제한다. myutil 패키지와 함께 그 안에 들어 있던 Bank.java 파일 역시 삭제되므로 현재의 프로젝트에는 Bank라는 클래스의 선언이 존재하지 않게 된다. 따라서 이클립스에서는 그림 38에서와 같이 Bank라는 클래스를 인식할 수 없다는 에러를 보여준다.

현재 Bank 클래스는 앞에서 익스포트한 myLib.jar 파일 안에 들어있다. 외부 JAR 파일인 myLib.jar 파일을 프로젝트의 라이브러리로 등록하여 사용하는 방법을 알아보자.

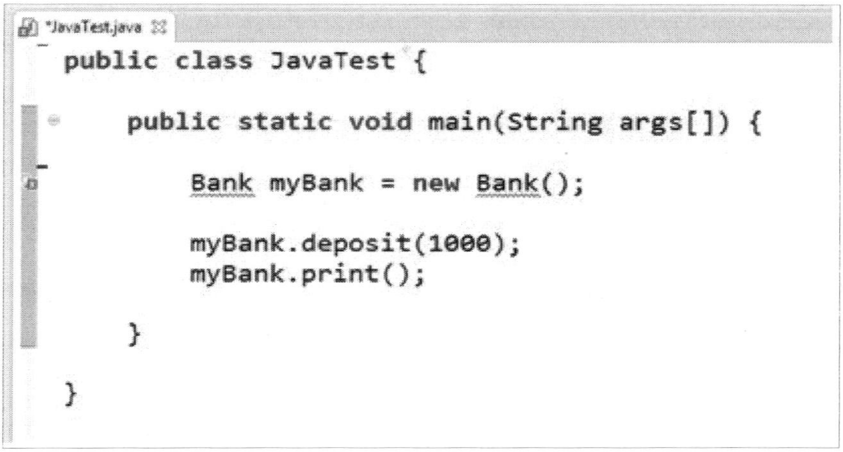

```java
public class JavaTest {

    public static void main(String args[]) {

        Bank myBank = new Bank();

        myBank.deposit(1000);
        myBank.print();

    }

}
```

그림 38 _ 존재하지 않는 클래스 사용 에러

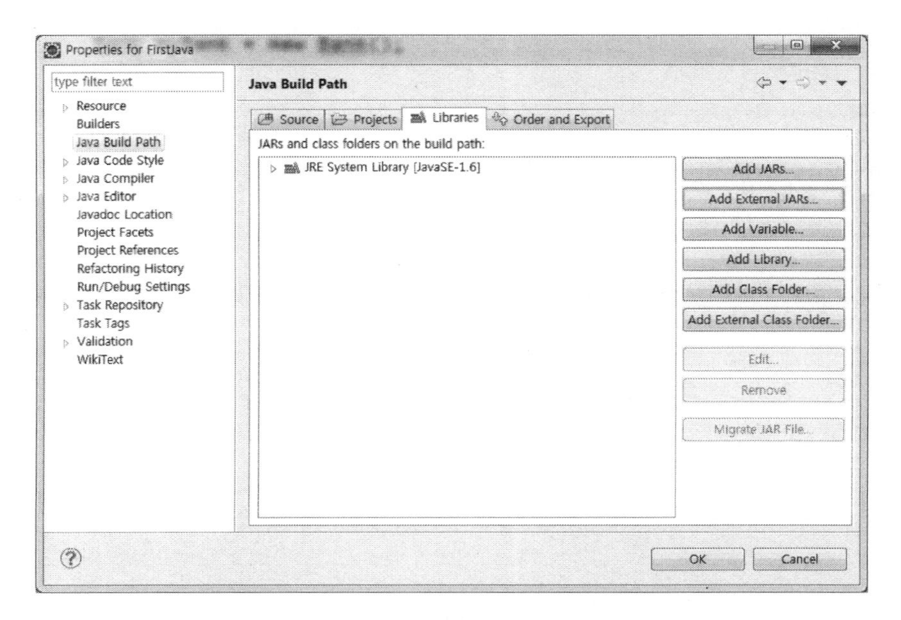

그림 39 _ Java Build Path 설정 창

프로젝트 이름을 우측 마우스 버튼으로 누른 후 Properties 메뉴를 선택하면 그림 39와 같은 프로젝트 속성 설정 창이 나타난다. 이 창에서 좌측의 Java Build Path를 선택한 후 우측 창에서 Libraries 탭을 선택하면 현재 import에 사용되는 라이브러리 정보가 나타난다. 기본적으로 Java JDK의 라이브러리 경로가 들어 있다. 이 곳에 앞에서 익스포트한 myLib.jar 파일을 등록해보기로 한다.

우측의 Add External JARs 버튼을 누른 후 앞에서 생성한 myLib.jar 파일을 찾아 등록하면 Libraries 탭 화면에 myLib.jar 파일이 나타난다. 이로서 myLib.jar 내의 패키지들을 이클립스가 사용할 준비가 완료된다. 이제 이클립스 화면으로 돌아가서 [Control - Shift - O] 키를 한꺼번에 누르면 그림 40에서와 같이 자동으로 myutil.Bank가 import되는 것을 볼 수 있다. 또한 Bank 클래스를 인식하지 못한다는 내용의 에러도 없어진 것을 볼 수 있다.

*JavaTest.java

```
import myutil.Bank;

public class JavaTest {

    public static void main(String args[]) {

        Bank myBank = new Bank();

        myBank.deposit(1000);
        myBank.print();

    }

}
```

그림 40 _ myLib.jar 파일 등록 후의 결과

연습문제

1. [File -> Export]를 선택할 때 나타나는 Export 화면에서 JAR file과 Runnable JAR file의 차이를 조사하여 정리해보자.

2. 본장에는 Bank.java 파일을 myutil이라는 패키지에 저장하였다. 이를 수정하여 myutil.finace라는 패키지를 만들고 그 안에 Bank.java파일을 옮기는 방법을 알아보자. 또, 이 경우 하드디스크의 실제 프로젝트 폴더에는 어떤 변화가 발생하는 지 확인해보자.

3. 이클립스에서 새로운 프로젝트를 생성한 후 위 2번 문제에서 생성된 패키지 폴더(프로젝트 폴더의 src 아래에 있음)을 새로 생성한 프로젝트의 src 폴더에 복사한다. 이 때 이클립스에서 [File -> Refresh] 메뉴를 선택하면 프로젝트 창에 어떤 변화가 발생하는 지 확인해보자.

JAVA

클래스를 이용한 구조체와 링크드 리스트

11장
클래스를 이용한 구조체와 링크드 리스트

본 장은 이전의 장에 비해 조금 복잡한 내용이 설명된다. 만약 자신이 Java를 시작하는 초급 단계라고 생각된다면 본 장을 꼭 지금 읽을 필요는 없다. 하지만 언젠가는 필요한 중요한 내용이므로 Java 프로그래밍에 능숙해진 후에는 꼭 읽어보도록 하자.

구조체는 Java에는 존재하지 않는 용어이다. Java에는 클래스라는 용어만 있을 뿐이다. 하지만 C와 같은 언어에서 중요하게 사용되는 구조체(struct)를 Java에서는 어떻게 구현하는가에 대한 질문을 흔히 듣게 된다. Java에서 다른 언어의 구조체에 해당하는 자료 구조를 구현하는 방법에 대해 생각해보자.

다른 언어에서 구조체를 사용한 경험이 없는 사람들은 구조체라는 용어 자체가 생소한 개념일 수도 있다. 예를 들어서 게임 플레이어가 5명이 있다고 가정을 해보자. 그리고 각 게임 플레이어에 대해 사용자의 이름, 캐릭터가 위치한 화면의 x 좌표, 캐릭터가 위치한 화면의 y 좌표 등의 세 가지 정보를 가지고 있어야 한다고 가정한다.

언뜻 생각하면 5개의 셀을 가진 1차원 배열을 만들면 될 것 같지만, 배열의 각 셀에는 한 개의 값만 저장할 수 있으므로, 각 캐릭터에 대하여 위의 세 가지 정보를 저장하는 것은 불가능하다. 이렇게 한 가지 대상을 구성하는 값이 여러 개일 때 이 모든 값을 하나의 단위로 처리할 수 있도록 하는 자료형태를 구조체라고 한다.

그림 41을 보자. 한 캐릭터를 위해 저장할 자료가 세 개일 경우 변수를 사용한다면 저장할 자료의 수만큼의 변수를 선언해야 한다. 반면 구조체의 경우에는 구조체 하나만 선언하면 된다. 자료들은 구조체 내의 각 필드에 들어간다. 다음과 같은 경우를 해결하기 위하여 클래스를 사용하여 효율적으로 처리하는 방법을 생각해보자.

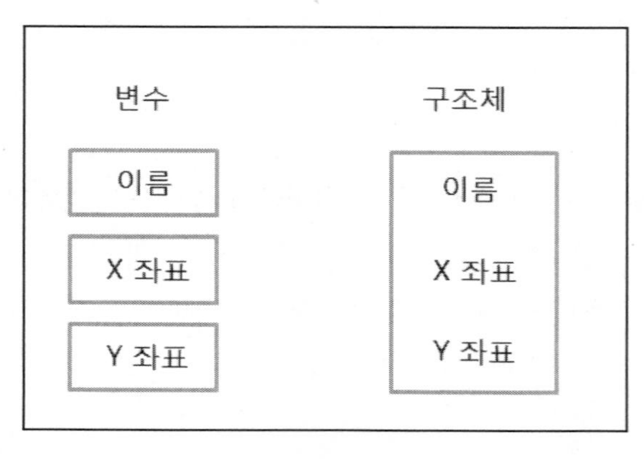

그림 41 _ 변수와 구조체의 비교

클래스 선언

앞에서 가정한 게임 플레이어들에 대한 각 정보를 위한 클래스를 객체지향 프로그래밍 관점에서 설계한다면 소스코드 59와 같이 Player라는 클래스를 구현할 수 있다. 한 클래스 안에 이름, x 좌표, y 좌표 등 세 개의 자료를 저장할 수 있는 멤버변수가 선언되어 있고 이 멤버변수들의 값을 설정(set)하고 이 멤버변수들의 값을 얻을(get) 수 있는 메소드들이 구현되어 있다. 각 멤버변수에는 외부의 접근을 차단하기 위하여 private 접근제한자가 사용되었다.

3~5행에는 세 개의 정보를 저장하기 위한 멤버변수가 3개 선언되었다. 8~12행에는 생성자가 선언되어 있는데, 객체를 생성하는 시점에 객체의 값을 받아들일 수 있는 매개변수들이 사용되었다. 15~17행은 멤버변수의 값을 각각 얻을 수 있는 메소드들이 세 개 선언되어 있는데, 이렇게 멤버변수의 값을 얻는 메소드들을 겟터(getter)라고 부른다. 21~31행에는 각 멤버변수별로 값을 설정할 수 있도록 하는 메소드들이 선언되어 있다. 멤버변수의 값을 설정하기 위한 메소드는 셋터(setter)라고 부른다.

22, 26, 30 행에서는 this라는 키워드가 나온다. 이는 객체 자신을 의미한다. 그러므로 this.name은 그 객체 내에 들어 있는 name이라는 멤버변수를 의미한다. this.x와 this.y 도 각각 그 객체 자신의 멤버변수 x와 y를 의미한다. 참고적으로 상속받은 부모(상위) 클래스를 접근할 때는 this대신 super를 사용한다는 점도 알아두자.

소스코드 59 **클래스로 구조체 구현**

```
 1 : class Player {
 2 :
 3 :       private String name;
 4 :       private int x;
 5 :       private int y;
 6 :
 7 :       // 생성자
 8 :       public Player(String name, int x, int y) {
 9 :             this.name = name;
10 :             this.x = x;
11 :             this.y = y;
12 :       }
13 :
14 :       // 정보 제공자 (Getter)
15 :       public String getName() { return name; }
16 :       public int getX() { return x; }
17 :       public int getY() { return y; }
18 :
19 :
20 :       // 정보 설정자 (Setter)
21 :       public void setName(String name) {
22 :             this.name = name;
23 :       }
24 :
25 :       public void setX(int x) {
26 :             this.x = x;
27 :       }
28 :
29 :       public void setY(int y) {
30 :             this.y = y;
31 :       }
32 :
33 : }
```

소스코드 59에 구현되어 있는 Player 클래스를 사용하여 캐릭터 한 개에 대한 정보를 설정하는 방법을 살펴보자. Player 클래스의 객체를 생성할 때 다음과 같이 생성자에 필요한 값들을 넘기는 것으로 멤버변수들에 대한 값의 설정은 완료된다.

```
Player   gamer = new Player("Tom", 100, 200);
```

그 다음부터는 각 멤버변수의 값을 변경할 때 다음과 같이 셋터 메소드들을 사용할수 있다.

```
gamer.setX(300);
gamer.setY(200);
```

또 각 멤버변수들의 값을 얻을 때는 다음과 같이 겟터 메소드들을 사용하면 된다.

```
x = gamer.getX();
y = gamer.getY();
```

클래스 배열

소스코드 59에서 구현한 클래스 Player를 사용하여 다수의 게임 캐릭터를 처리하는 방법을 생각해보자. 이 경우에는 Player 클래스의 객체를 담을 수 있는 배열을 선언해서 여러 개의 객체를 처리할 수 있다. 정수형 배열의 선언을 예로 배열의 초기화에 대해 복습을 해보자.

다음과 같이 num[ ]을 선언하면 num은 실제 배열의 셀들이 생성되는 메모리의 주소 값을 가질 수 있는 참조변수가 된다.

```
int  num[];
```

다음과 같이 정수를 저장하기 위한 5개의 셀을 가진 배열을 생성한 후, 생성된 메모리 주소를 배열 참조변수 num에 할당해주면 num으로 배열을 사용할 수 있게 된다. 아래의 예에서는 정수 5개를 저장하기 위한 1차원 배열을 생성하였다.

```
num = new int [5];
```

클래스의 객체를 담기 위한 배열을 선언할 때도 위와 동일한 과정이 필요하다. 다음과 같이 선언하면 Player 클래스의 객체 참조변수를 저장할 수 있는 배열 참조변수 gamers가 선언된다. 배열의 이름 gamers는 메모리에 생성된 배열 셀들에 대한 참조변수이다.

```
Player gamers[];
```

여기에 다음과 같이 Player 클래스의 객체의 참조변수들을 저장하기 위한 배열을 생성한 후 그 주소를 gamers에게 전달하면 gamers를 사용하여 Player 클래스의 객체 참조변수가 들어있는 1차원 배열을 사용할 수 있다. gamers 배열의 셀의 수는 5개라고 가정한다.

```
gamers = new Player [5];
```

그런데, 여기에서 한 단계 더 구체적으로 점검을 해볼 사항이 있다. gamers 배열에 들어있는 각 셀들은 어떤 값을 가질 수 있을까? gamers 배열의 각 셀은 메모리에 생성된 Player 클래스의 객체의 메모리 주소를 가지는 참조변수의 자격을 가진다. 따라서 Player 클래스의 객체를 생성한 후 gamers 배열의 각 셀에 객체의 메모리 주소를 전달해 주어야 한다. gamers 배열의 각 셀의 객체에 대하여 다음과 같이 객체 초기화 작업을 해주면 된다.

```
gamers[0] = new Player("Tom", 100, 200);
gamers[1] = new Player("Kim", 200, 50);
gamers[2] = new Player("Bob", 400, 150);
gamers[3] = new Player("Jane", 500, 600);
gamers[4] = new Player("John", 400, 100);
```

그림 42를 보면 객체들로 이루어진 1차원 배열의 메모리 배치 상태를 한 눈에 이해할 수 있다. gamers 배열의 각 셀은 Player의 객체를 위한 참조변수이며 실제 객체의 메모리가 할당된 메모리의 주소를 가지고 있다. 그림 42에 표기되어 있는 주소는 가상의 주소를 예를 든 것이다.

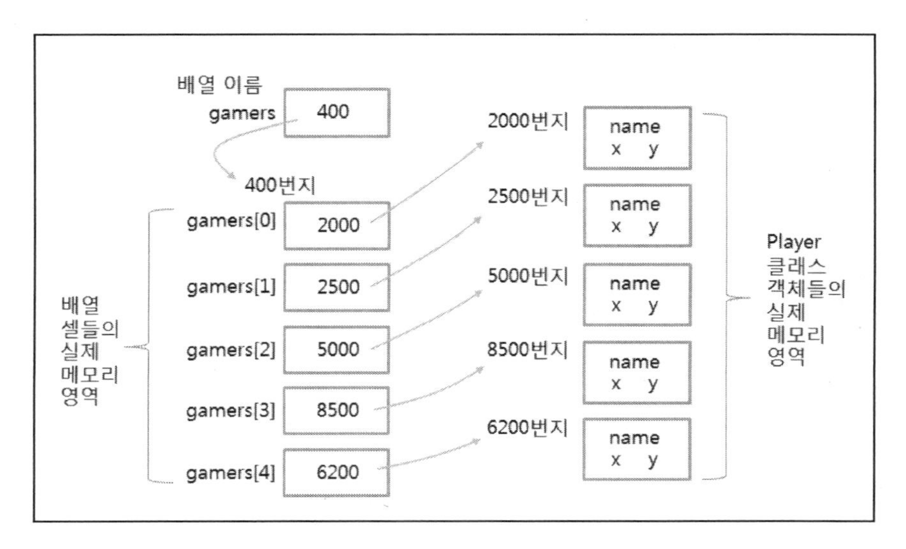

그림 42 _ 객체 배열의 메모리 상태

gamers 배열에 저장되어 있는 객체들의 이름과 x, y 좌표를 모두 출력하는 방법을 생각해보자. 다음과 같이 for 반복문을 사용하여 배열의 모든 셀에 접근할 수 있으며, 각 셀에는 Player 객체가 들어 있으므로 그 객체들의 메소드인 게터들을 호출하여 원하는 값을 얻어올 수 있다.

```
for (int i=0; i<gamers.length; i++)
    System.out.println( gamers[i].getName() + " " +
            gamers[i].getX() + " " + gamers[i].getY() );
```

소스코드 60에는 지금까지 설명된 예의 전체 코드가 들어 있다. 다음은 소스코드 60을 실행한 결과이다.

```
Tom 100 200
Kim 200 50
Bob 400 150
Jane 500 600
John 400 100
```

소스코드 60 **클래스로 구현한 구조체 배열**

```
1 : class Player {
2 :
3 :   private String name;
4 :   private int x;
5 :   private int y;
6 :
7 :   // 생성자
8 :   public Player(String name, int x, int y) {
```

```
 9 :            this.name = name;
10 :            this.x = x;
11 :            this.y = y;
12 :    }
13 :
14 :    // 정보 제공자 (Getter)
15 :    public String getName() {
16 :            return name;
17 :    }
18 :
19 :    public int getX() {
20 :            return x;
21 :    }
22 :
23 :    public int getY() {
24 :            return y;
25 :    }
26 :
27 :    // 정보 설정자 (Setter)
28 :    public void setName(String name) {
29 :            this.name = name;
30 :    }
31 :
32 :    public void setX(int x) {
33 :            this.x = x;
34 :    }
35 :
36 :    public void setY(int y) {
37 :            this.y = y;
38 :    }
39 :
```

```
40 : }
41 :
42 :
43 : public class JavaTest {
44 :
45 :     public static void main(String args[]) {
46 :
47 :         Player gamers[];
48 :         gamers = new Player[5];
49 :
50 :         gamers[0] = new Player("Tom", 100, 200);
51 :         gamers[1] = new Player("Kim", 200, 50);
52 :         gamers[2] = new Player("Bob", 400, 150);
53 :         gamers[3] = new Player("Jane", 500, 600);
54 :         gamers[4] = new Player("John", 400, 100);
55 :
56 :         for (int i = 0; i < gamers.length; i++)
57 :             System.out.println(gamers[i].getName() + " " +
58 :               gamers[i].getX() + " " + gamers[i].getY());
59 :
60 :
61 :     }
62 :
63 : }
```

클래스로 링크드 리스트(Linked List) 구현해보기

앞의 예에서는 객체로 구성된 1차원 배열을 이용하여 5명의 게임 플레이어를 처리하였다. 그런데 처리해야 할 게임 플레이어가 1명일지, 100명일지, 2000명일지 모르는 경우에는 배열의 사용이 곤란해진다. 배열을 너무 작게 만들어 사용하면 배열의 길이를 초과하는 게임 플레이어들을 처리할 방법이 없다. 또한 예를 들어 게임 플레이어가 많을 것을 대비하여 10000개의 셀을 가진 배열을 생성해 놓았는데, 실제 플레이어의 수가 10명 정도라면 이 또한 메모리의 낭비가 된다.

이런 경우에 일반적으로 사용되는 자료구조는 링크드 리스트이다. 링크드 리스트는 처음에는 셀 하나만을 만들어 사용하고 추가적인 셀이 필요할 때마다 하나씩 메모리를 할당받아 서로 연결하여 사용한다. 그림 43을 보자. 각 셀마다 name, x, y의 멤버변수가 존재하고 next라는 멤버변수가 다음 셀을 가리킨다. 이런 방식으로 필요할 때마다 셀을 메모리에 생성하여 연결하여 사용함으로써 정확하게 필요한 양의 메모리만 사용할 수 있는 장점을 가진다. 반대로 배열에 비해 상대적으로 처리가 복잡하다는 점은 단점일 수도 있기 때문에 처리하고자 하는 작업에 따라서 배열이나 링크드 리스트 중 유리한 것을 사용하면 될 것이다.

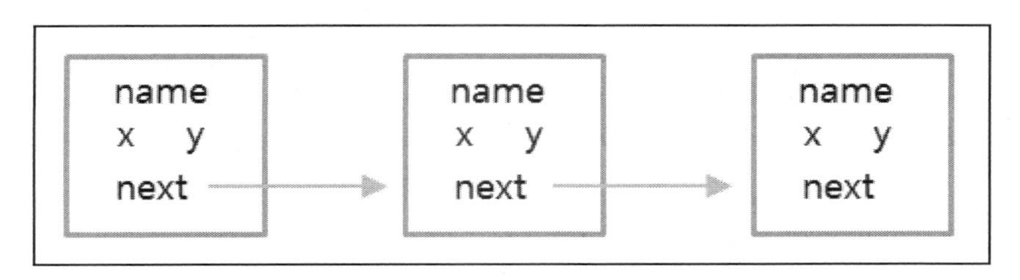

그림 43 _ 링크드 리스트

소스코드 61은 앞에서 객체 배열을 구현할 때 사용했던 클래스 Player를 링크드 리스트로 사용하기 위하여 수정한 클래스이다. 6행을 보면 nex라는 멤버변수가 private Player next;와 같이 선언되었으므로, next는 Player 클래스의 객체를 가리키는 참조변수인 것을 알 수 있다. 이렇게 선언된 멤버변수 next는 Player 객체 자신과 같은 또 다른 Player 객체를 가리킬 수 있는(정확하게 표현하면 또 다른 객체의 메모리 주소를 가질 수 있는) 참조변수가 되는 것이다. Player 객체가 하나 더 필요할 경우 메모리에 Player 객체를 생성하고 그 객체를 next가 가리키게 된다. 이는 그림 43에서 보는 상황과도 같다.

28~30행에는 getNext()라는 메소드가 추가되었는데 이 메소드는 객체의 next 멤버변수의 값을 반환한다. 링크드 리스트를 구현할 때 이 next 참조변수는 다른 객체를 가리키는 역할을 하게 된다.

45~47행에는 setNext()라는 메소드가 추가되었는데 객체의 멤버변수 next의 값을 설정하는 기능을 해준다.

소스코드 61 **링크드 리스트를 위한 클래스 설계**

```
1 : class Player {
2 :
3 :       private String name;
4 :       private int x;
5 :       private int y;
6 :       private Player next;
7 :
8 :       // 생성자
9 :       public Player(String name, int x, int y) {
```

```
10 :            this.name = name;
11 :            this.x = x;
12 :            this.y = y;
13 :      }
14 :
15 :      // 정보 제공자 (Getter)
16 :      public String getName() {
17 :            return name;
18 :      }
19 :
20 :      public int getX() {
21 :            return x;
22 :      }
23 :
24 :      public int getY() {
25 :            return y;
26 :      }
27 :
28 :      public Player getNext() {
29 :            return next;
30 :      }
31 :
32 :      // 정보 설정자 (Setter)
33 :      public void setName(String name) {
34 :            this.name = name;
35 :      }
36 :
37 :      public void setX(int x) {
38 :            this.x = x;
39 :      }
40 :
```

```
41 :     public void setY(int y) {
42 :         this.y = y;
43 :     }
44 :
45 :     public void setNext(Player next) {
46 :         this.next = next;
47 :     }
48 :
49 : }
```

새로운 멤버변수 next가 추가된 클래스 Player를 사용하여 5개의 게임 플레이어 정보를 저장하기 위한 링크드 리스트를 생성하는 과정을 단계별로 살펴보자.

먼저 링크드 리스트의 첫 번째 셀과 마지막 셀을 가리킬 객체 참조변수 head와 tail을 다음과 같이 선언한다. 현재는 생성된 셀이 없으므로 head와 tail 모두 가리키고 있는 곳이 없으므로 null로 초기화를 한다. 현재 상태는 그림 44와 같다.

```
Player head = null, tail = null;
```

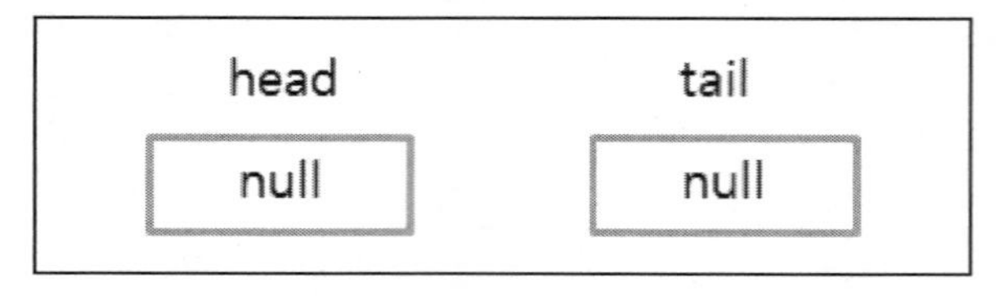

그림 44 _ 0개의 셀을 가진 링크드 리스트

최초로 셀을 만들 때는 메모리에 Player 객체를 생성한 후 head와 tail이 동일하게 그 셀을 가리키도록 한다. 셀이 하나이므로 시작과 끝이 동일하기 때문이다. 그리고 그 셀의 next는 null로 만들어 더 이상 연결된 객체가 없음을 명시한다. 이 상태는 그림 45와 같다.

```
head = new Player("Tom", 100, 200);
tail = head;
tail.setNext(null);
```

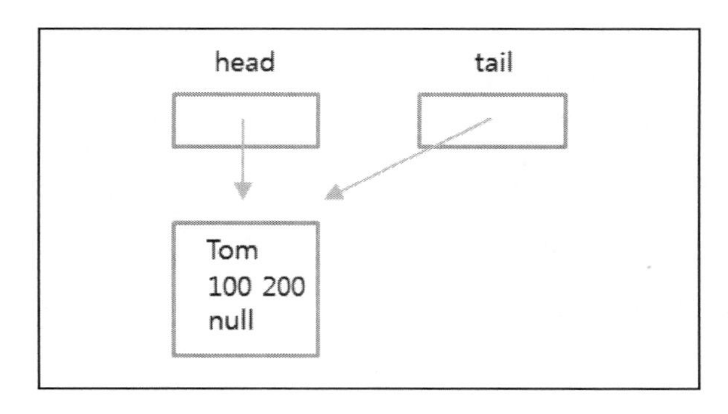

그림 45 _ 1개의 셀을 가진 링크드 리스트

두 번째 셀을 만들 때는 링크드 리스트의 마지막 셀을 가리키고 있는 tail만 사용하면 된다. 다음과 같이 새로운 객체를 메모리에 생성하고 그 객체를 tail이 가리키는 객체의 next가 가리키도록 한다. 그리고 다시 tail이 새로 생성된 가장 마지막 객체를 가리키도록 한다. 즉, tail이 마지막 셀을 가리키도록 하는 것이다. 역시 마지막 셀은 더 이상 가리키는 곳이 없으므로 null 값을 할당해 준다. 현재 상태는 그림 46과 같다.

```
tail.setNext( new Player("Kim", 200, 50) );
tail = tail.getNext();
```

```
tail.setNext( null );
```

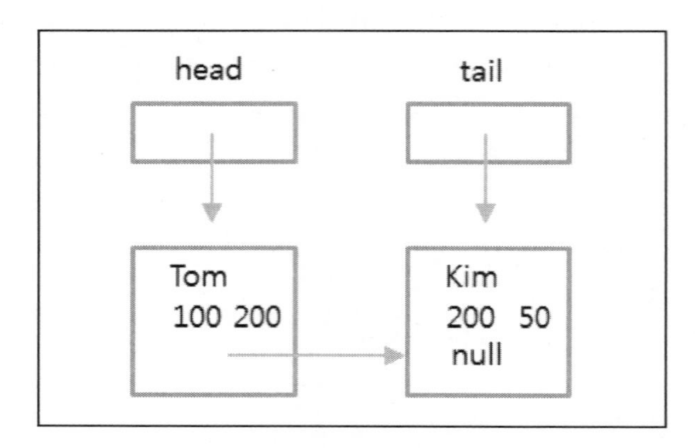

그림 46 _ 2개의 셀을 가진 링크드 리스트

동일한 방식을 사용하여 3번째부터 5번째까지의 총 5개의 셀의 추가가 끝나면 전체 링크드 리스트는 그림 47과 같은 모양이 된다. 3번째부터 5번째까지의 셀 추가 과정은 다음과 같다.

```
tail.setNext( new Player("Bob", 400, 150) );
tail = tail.getNext();
tail.setNext( null );

tail.setNext( new Player("Jane", 500, 600) );
tail = tail.getNext();
tail.setNext( null );

tail.setNext( new Player("John", 400, 100) );
tail = tail.getNext();
tail.setNext( null );
```

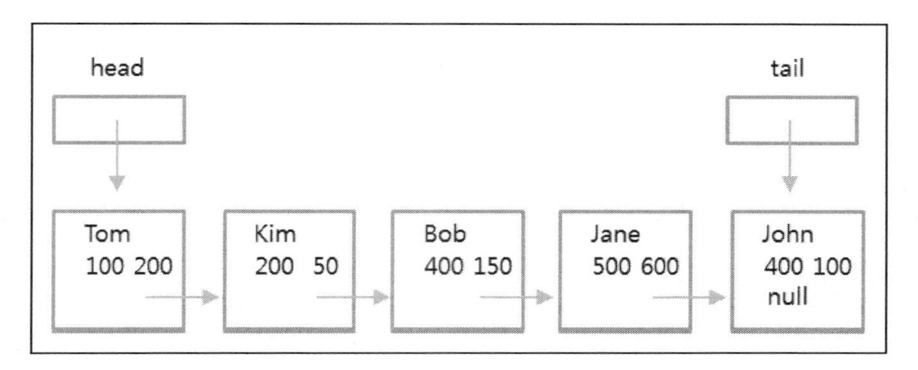

그림 47 _ 5개의 셀을 가진 링크드 리스트

이제 완성된 링크드 리스트의 모든 셀을 출력해보자. 현재 head와 tail은 링크드 리스트의 처음과 마지막을 가리키고 있는 상태이다. 링크드 리스트 전체를 탐색할 때는 head와 tail을 값이 변경되면 링크드 리스트의 구조가 영향을 받을 수 있으므로 별도의 참조변수를 만들어 사용하면 편리하다. 다음과 같이 temp라는 Player 클래스의 객체 참조변수를 선언하고 head가 가지고 있는 객체 셀의 위치(주소)를 temp에 복사한다.

```
Player temp = head;
```

그 다음 부터는 while 반복문을 사용하여 temp가 null이 아닌 동안, 즉 셀 객체의 주소를 가지고 있는 한 temp가 가지고 있는 name, x, y 등의 값을 출력한다. 이 값들을 출력한 후 temp에는 다시 다음 셀의 주소 값인 temp.next의 값을 배정해준다. 그리고 다시 temp가 가지고 있는 값을 출력한다. 이런 식으로 반복하면 temp가 null이 되기 전까지 이 과정을 다음과 같이 반복하게 된다.

```
while ( temp!= null ) {
    System.out.println(temp.getName() + " " +
    temp.getX() + " " + temp.getY() );
    temp = temp.getNext();
}
```

소스코드 62에는 위 과정을 구현한 전체 코드가 들어 있다. 다음은 소스코드 62를 실행시킨 결과이다. 결과는 배열을 사용했을 때와 동일하다.

```
Tom 100 200
Kim 200 50
Bob 400 150
Jane 500 600
John 400 100
```

소스코드 62 **링크드 리스트 구성하기**

```
 1 : class Player {
 2 :
 3 :   private String name;
 4 :   private int x;
 5 :   private int y;
 6 :   private Player next;
 7 :
 8 :   // 생성자
 9 :   public Player(String name, int x, int y) {
10 :             this.name = name;
11 :             this.x = x;
12 :             this.y = y;
13 :   }
```

```
14 :
15 :    // 정보 제공자 (Getter)
16 :    public String getName() {
17 :            return name;
18 :    }
19 :
20 :    public int getX() {
21 :            return x;
22 :    }
23 :
24 :    public int getY() {
25 :            return y;
26 :    }
27 :
28 :    public Player getNext() {
29 :            return next;
30 :    }
31 :
32 :    // 정보 설정자 (Setter)
33 :    public void setName(String name) {
34 :            this.name = name;
35 :    }
36 :
37 :    public void setX(int x) {
38 :            this.x = x;
39 :    }
40 :
41 :    public void setY(int y) {
42 :            this.y = y;
43 :    }
44 :
```

```
45 :   public void setNext(Player next) {
46 :             this.next = next;
47 :   }
48 :
49 : }
50 :
51 :
52 : public class JavaTest {
53 :
54 :   public static void main(String args[]) {
55 :
56 :             Player head = null, tail = null;
57 :
58 :             head = new Player("Tom", 100, 200);
59 :             tail = head;
60 :             tail.setNext(null);
61 :
62 :
63 :             tail.setNext( new Player("Kim", 200, 50) );
64 :             tail = tail.getNext();
65 :             tail.setNext( null );
66 :
67 :             tail.setNext( new Player("Bob", 400, 150) );
68 :             tail = tail.getNext();
69 :             tail.setNext( null );
70 :
71 :             tail.setNext( new Player("Jane", 500, 600) );
72 :             tail = tail.getNext();
73 :             tail.setNext( null );
74 :
75 :             tail.setNext( new Player("John", 400, 100) );
```

```
76 :            tail = tail.getNext();
77 :            tail.setNext( null );
78 :
79 :            Player temp = head;
80 :
81 :            while ( temp!= null ) {
82 :                    System.out.println(temp.getName() + " " +
83 :                         temp.getX() + " " + temp.getY() );
84 :                    temp = temp.getNext();
85 :            }
86 :
87 :    }
88 :
89 : }
```

가비지 컬렉션(Garbage Collection)

가비지라는 영어 단어의 의미는 쓰레기이다. 다른 말로 표현하면 더 이상 필요가 없는 대상이다. Java에서는 가비지 컬렉션이라는 기능을 사용하여 프로그램에 할당되어 있는 메모리가 사용되지 않을 경우 자동으로 메모리를 반납하도록 한다. 그러므로 할당받았던 메모리 공간을 프로그래머의 실수로 반납하지 않아 메모리 공간을 낭비하는 일을 방지할 수 있다. 가비지 컬렉션은 Garbage Collection에서 머리글자를 따서 GC라고도 부른다. 앞에서 구현한 링크드 리스트의 셀을 삭제하는 과정을 통하여 가비지 컬렉션을 이해해보자.

앞에서 완성한 5개의 셀로 구성되어 있는 링크드 리스트의 가장 첫 번째 셀은 객체 참조변수 head가 가리키고 있다. 이 첫 번째 셀을 링크드 리스트에서 삭제하는 일은 매우 간단하다. 첫 번째 셀을 가리키고 있던 참조변수 head가 두 번째 셀을 가리키도록 하면 된다. 그 방법은 다음과 같다.

```
head = head.next;
```

첫 번째 셀이 삭제된 링크드 리스트는 그림 48과 같은 모양이 된다. head가 Kim이라는 이름이 저장되어 있는 두 번째 셀을 가리키고 있는 것을 볼 수 있다. 그렇다면 원래의 첫 번째 셀이었던 Tom이라는 이름이 저장되어 있던 셀은 어떻게 될까? 이 셀은 가비지 컬렉션의 대상이 된다. 이 셀을 가리키고 있는 참조변수가 없으므로, 프로그램에서 이 셀을 다시 사용하는 것은 불가능하다. 즉, 필요 없는 메모리 영역이라고 할 수 있다. C++과 같은 다른 컴퓨터 언어에서는 이런 불필요한 메모리 영역의 반납을 프로그래머가 직접 해주어야 한다. 하지만 Java에서는 이 처리를 가비지 컬렉터가 자동으로 해주어 편리하다.

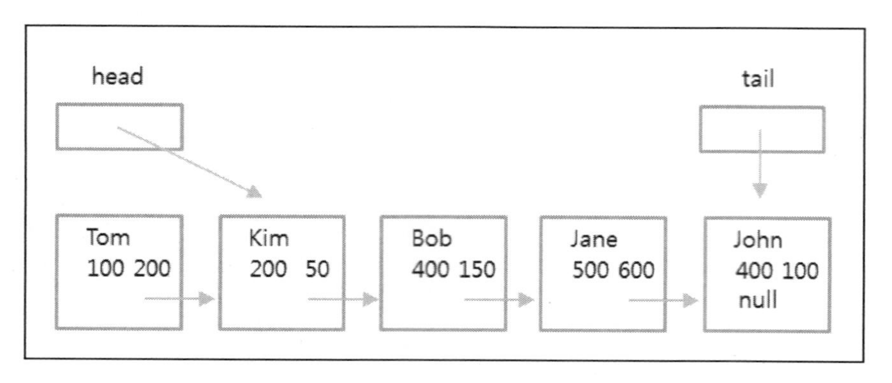

그림 48 _ 첫 셀이 삭제된 링크드 리스트

연 습 문 제

1. 링크드 리스트의 장점과 단점을 설명해보자.

2. Java의 GC(Garbage Collection) 기능이 링크드 리스트 구현에 도움이 되는 이유를 설명해보자.

3. 10명의 이름, 시험 점수를 입력받아 링크드 리스트로 구현한 후, 특정 이름을 전달하면 그 이름에 해당하는 시험 점수를 반환해주는 메소드를 작성해보자. 만일 링크드 리스트에 주어진 이름이 존재하지 않는 경우 -1을 반환하도록 한다.

JAVA

키보드 및 파일 입출력

12장

키보드 및 파일 입출력

바이트 스트림(Byte Stream)

컴퓨터의 모든 정보는 바이트(byte)를 기본으로 한다. 텍스트 파일, 워드 파일, 음악 파일, 영화 파일 등 컴퓨터에서 사용되는 어떤 형태의 데이터라도 바이트를 기본 단위로 구성된다. 이런 바이트들이 일렬로 나열되는 형태를 Java에서는 바이트 스트림(Byte Stream)이라고 한다. 스트림은 졸졸 흐르는 시냇물을 의미하다. 바이트 스트림은 바이트의 흐름을 의미한다. 예를 들어 4바이트 크기로 구성되는 정수도 파일에 기록될 때는 4개의 바이트로 나뉘어져 기록된다. 이렇게 바이트로 나뉘어진 정수는 필요시에 다시 바이트 4개가 합쳐져 정수로 재구성된다.

키보드에서 오는 바이트 스트림

키보드에 입력되는 데이터도 역시 컴퓨터 내부의 데이터이므로 바이트들의 흐름인 바이트 스트림 형태를 가진다. 키보드에서 들어오는 바이트 스트림은 System.in을 통해 전달된다. 만약 프로그램 사용자가 키보드로 50이라는 수를 입력하면 이 데이터는 바이트 단위로 분리된 후 System.in을 통해 프로그램에 전달된다. 이 때 이 바이트 스트림에서 원래의 자료형으로 해석(parse)을 해주는 기능을 가진 클래스 Scanner 사용하여 원래의 정수인 50을 얻을 수 있다.

Scanner 클래스를 사용하기 위해서는 다음과 같이 Scanner 클래스의 객체 참조변수를 선언한다. 이 객체 참조변수에 객체를 생성하기 위하여 new Scanner(System.in)과 같은 방법으로 생성자를 부르는데 이 때 생성자 Scanner의 매개변수로 System.in을 전달하여 객체 참조변수 sc는 앞으로 키보드에서 입력되는 바이트 스트림을 처리하라고 지정해준다. 참고로 Scanner는 JDK에 구현되어 있는 클래스로서 현재 실습중인 프로그램에는 존재하지 않는다. 그러므로 Scanner 클래스를 import해주어야 한다. 이 때 간단히 [Control - Shift - O]키를 누르면 자동으로 java.util.Scanner가 import 된다.

```
Scanner sc = new Scanner(System.in);
```

이렇게 키보드로부터 입력받을 준비를 마친 후 다음과 같이 Scanner 클래스의 메소드 nextInt()를 사용하여 키보드로부터 정수를 입력받을 수 있다. 다음 구문이 실행되는 시점에 사용자의 입력이 없으며, 프로그램은 진행을 멈추고 이 시점에서 대기 상태로 기다린다. 사용자가 입력을 하고 엔터를 치면 System.in으로 입력이 들어오고 Scanner 클래스의 객체 sc는 메소드 nextInt()를 사용하여 입력되는 바이트 스트림에서 정수에 필요한 바이트들을 조합하여 정수를 만들고 이를 n에 배정한다.

```
int n = sc.nextInt();
```

소스코드 63의 7행에서는 Scanner의 객체 참조변수 sc를 선언하면서 이를 초기화할 때 System.in을 전달하여 키보드로부터 오는 바이트 스트림을 해석하도록 하고 있다. 11행에서는 사용자의 입력을 기다리며 대기한다. 사용자가 데이터를 입력하면 10행에서 정수로 만들어 변수 n에 배정한다. 14행을 보면 nextFloat() 메소드를 사용하여 실수를 입력받고 있다. 이 이외의 다른 자료형도 Scanner 클래스에서 지원하고 있다.

문자열의 경우에는 18행과 같이 next() 메소드를 사용하며, 반환 값은 String 변수로 받는다. 문자열을 입력받은 후 19행에서와 같이 문자열 변수 line을 문자열로 사용할 수도 있고, 20행에서와 같이 문자열 중 특정한 위치의 문자를 확인할 경우 String 클래스의 charAt()이라는 메소드를 사용할 수도 있다. 20행에서는 입력받은 문자열의 0번째 문자를 출력하는 예를 보이고 있다.

소스코드 63 **키보드 입력 받기**

```
 1 : import java.util.Scanner;
 2 :
 3 : public class JavaTest {
 4 :
 5 :     public static void main(String args[]) {
 6 :
 7 :         Scanner sc = new Scanner(System.in);
 8 :
 9 :         System.out.println("정수를 입력하세요.");
10 :         int n = sc.nextInt();
11 :         System.out.println( n + "을 입력하셨군요.");
```

```
12 :
13 :             System.out.println("실수를 입력하세요.");
14 :             float r = sc.nextFloat();
15 :             System.out.println( r + "을 입력하셨군요.");
16 :
17 :             System.out.println("문자열을 입력하세요.");
18 :             String line = sc.next();
19 :             System.out.println( line + "을 입력하셨군요.");
20 :             System.out.println( "첫 글자는 " + line.charAt(0) +
    "입니다.");
21 :
22 :     }
23 :
24 : }
```

다음은 소스코드 63의 실행결과이다. 순차적으로 정수 50, 실수 3.14, 문자열 Korea를 입력하여 테스트하였다.

```
정수를 입력하세요.
50
50을 입력하셨군요.
실수를 입력하세요.
3.14
3.14을 입력하셨군요.
문자열을 입력하세요.
Korea
Korea을 입력하셨군요.
첫 글자는 K입니다.
```

텍스트 파일 읽기

메모장으로 작성한 것과 같은 파일을 텍스트 파일(text file)이라고 한다. 텍스트 파일의 특징은 사람이 읽을 수 있는 문자들로 구성된 파일을 의미한다. 이와 반대의 경우로서 프로그램 실행 파일(exe 파일)이나 jpg, gif 등의 그래픽 파일 등은 메모장으로 열어보았을 때 사람이 읽을 수 없는 기호가 나타난다. 사람이 읽을 수 있는 문자로 이루어진 파일이 아닌 이진(binary) 파일이기 때문이다.

텍스트 파일을 읽는 방법을 알아보자. 텍스트 파일을 읽기 위해서는 FileReader라는 클래스가 필요하다. 다음과 같이 FileReader 클래스의 객체 참조변수를 선언하면서 생성자 FileReader를 호출하여 매개변수로 읽고자 하는 텍스트 파일을 전달하면 된다. 아래에서는 현재 폴더에 있는 data.txt 파일을 전달하였다.

```
FileReader fr = new FileReader("./data.txt");
```

FileReader의 객체는 파일로부터의 문자들의 스트림을 제공한다. 파일을 읽을 때 프로그래머가 이 문자 스트림을 직접 읽기는 편리하지가 않다. 문자들의 흐름에서 한 라인의 끝을 구분하여 처리해야 하는 등의 작업을 직접 해주어야 하기 때문이다. 그래서 BufferedReader와 같은 클래스를 사용한다. 다음과 같이 BufferedReader 클래스의 객체 참조변수를 선언하고 이를 초기화할 때 BufferedReader() 생성자에 의에서 선언한 FileReader 객체 fr을 전달하였다. fr로부터 들어오는 문자 스트림을 BufferedReader 객체가 재해석하도록 하는 것이다.

```
BufferedReader br = new BufferedReader(fr);
```

텍스트 파일을 읽을 준비가 끝났다. 이제 텍스트 파일의 한 라인을 읽어보자. BufferedReader 클래스의 메소드 readLine()을 사용하면 한 라인 전체를 문자열로 읽을 수 있다. 다음과 같이 readLine() 메소드가 전달하는 문자열을 문자열 변수에 받아서 사용하면 된다.

```
String strLine = br.readLine();
```

소스코드 64의 1, 2행에서는 FileReader와 BufferedReader 클래스가 import 되었다. 12, 13행에서는 FileReader와 BufferedReader 클래스의 객체 참조 변수가 선언되었다. 12행에서는 텍스트 파일을 "./data.txt"로 지정하였는데 이는 현재 폴더에 있는 data.txt 파일을 의미한다. 현재 폴더는 현재 프로젝트의 홈 폴더이므로 메모장으로 data.txt 파일을 만들어 현재 프로젝트 폴더에 저장해 놓아야 한다. 본 예에서 사용한 data.txt 파일의 내용은 다음과 같다.

```
Java is a programming language.
Java는 프로그래밍 언어입니다.
It was first released in 1995.
Java는 1995년 발표되었습니다.
Java is fast, secure, and reliable.
Java는 빠르고, 안전하며, 신뢰도가 높습니다.
```

15행에서는 readLine() 메소드를 사용하여 한 라인을 읽어 들여 strLine 변수에 배정하고 있다. 16행에서는 strLine을 출력한다. 15, 16행은 while 반복문 내에 있으므로 파일의 데이터를 모두 읽을 때까지 반복된다. 15행에서 읽을 결과가 null이 나오는 시점이 오면 더 이상 파일에서 읽을 것이 없다는 의미가 되므로 반복문을 종료한다. 19행에서는 파일을 읽기 위해 사용했던 BufferedReader를 닫아 파일 읽기를 종료한다.

참고적으로 위에서 설명된 파일 읽기 부분은 10행과 21행의 try catch 구문 내에 포함되어 있다. try catch 구문은 try 부분 내에 포함된 Java 구문을 실행한 후 아무 이상이 없으면 다음으로 진행하지만, try 부분 내에서 에러가 발생하면 그에 대해 catch 부분에서 발생한 에러를 출력해주는 일을 한다. 파일을 읽을 때는 여러 에러가 발생할 수 있다. 읽고자 하는 파일이 존재하지 않을 수도 있고, 읽을 권한이 없을 수도 있다. 그러므로 try catch 구문을 사용하여 발생할 수 있는 에러에 대비하게 된다.

소스코드 64 **텍스트 파일 읽기**

```
 1 : import java.io.BufferedReader;
 2 : import java.io.FileReader;
 3 :
 4 : public class JavaTest {
 5 :
 6 :     public static void main(String args[]) {
 7 :
 8 :         String strLine = null;
 9 :
10 :         try {
11 :
12 :             FileReader fr = new FileReader("./data.txt");
13 :             BufferedReader br = new BufferedReader(fr);
14 :
15 :             while ((strLine = br.readLine()) != null) {
```

```
16 :                                    System.out.println(strLine);
17 :                         }
18 :
19 :                         br.close();
20 :                               fr.close();
21 :             } catch (Exception e) {
22 :                         System.out.println(" File Read Error = " + e);
23 :             }
24 :
25 :     }
26 :
27 : }
```

텍스트 파일에 쓰기

텍스트 파일에 쓰는 작업은 텍스트 파일을 읽는 작업과 반대의 흐름이 이루어진다. 텍스트 파일에 쓰는 작업을 위해 실제 파일에 접근하는 일은 FileWriter 클래스의 객체에 의해 이루어진다. 본 예에서는 다음과 같이 FileWriter 클래스의 객체 참조변수 fw를 선언하고 생성자에 "./out.txt"를 전달하여 현재 폴더에 out.txt 파일을 생성하여 텍스트 데이터를 기록하고자 한다.

```
FileWriter fw = new FileWriter("./out.txt");
```

위에서 선언한 FileWirter 객체의 메소드 write()을 사용하여 직접 파일에 기록을 할 수도 있지만, 입출력 속도를 높이고 여러 번 쓰기가 가능하도록 BufferedWriter 클래스를 사용한다. 다음과 같이 BufferedWriter 클래스의 객체 참조변수 bw를 선언하고 생성자에는 위에서 선언한 FileWriter의 객체 참조변수 fw를 전달하였다.

```
BufferedWriter bw = new BufferedWriter(fw);
```

소스코드 65에서는 세 라인의 텍스트를 쓰는 예를 보이고 있다. 1,2행에는 BufferWriter와 FileWriter 클래스가 import되어 있다. 10행에서는 FileWriter 객체 참조변수가 선언되었고, 11행에서는 BufferedWriter 객체 참조변수가 선언되었다. 텍스트 파일에 쓸 때는 13행에서와 같이 BufferedWriter 클래스의 메소드 write()을 사용하면 된다. 줄을 바꾸고자 할 경우에는 14, 16행에서 보는 바와 같이 newLine() 메소드를 호출하면 된다. 파일에 쓰기가 모두 끝난 후에는 19행에서와 같이 BufferedWrite 클래스의 메소드 close()를 호출하여 닫아준다. 8행과 21행에 사용된 try catch 구문은 파일 쓰기 과정에서 발생할 수 있는 에러를 출력해준다. 예를 들어 파일을 쓰려고 하는데 쓰기 권한이 없는 경우에는 쓰기 에러가 발생하게 된다. 다음은 소스코드 65의 실행 결과이다.

```
How to wirte to a text file
텍스트 파일에 쓰는 방법
마지막 라인입니다.
```

소스코드 65 **텍스트 파일에 쓰기**

```
 1 : import java.io.BufferedWriter;
 2 : import java.io.FileWriter;
 3 :
 4 : public class JavaTest {
 5 :
 6 :      public static void main(String args[]) {
 7 :
 8 :            try {
 9 :
10 :                    FileWriter fw = new FileWriter("./out.txt");
11 :                    BufferedWriter bw = new BufferedWriter(fw);
12 :
13 :                    bw.write("How to wirte to a text file");
14 :                    bw.newLine();
15 :                    bw.write("텍스트 파일에 쓰는 방법");
16 :                    bw.newLine();
17 :                    bw.write("마지막 라인입니다.");
18 :
19 :                    bw.close();
20 :                         fw.close();
21 :            } catch (Exception e) {
22 :                    System.out.println(" File Write Error = " + e);
23 :            }
24 :
25 :   }
26 :
27 : }
```

연 습 문 제

1. data.txt라는 텍스트 파일이 있다고 가정할 때 이 파일의 모든 내용을 읽어서 out.txt라는 파일에 복사하는 코드를 작성하시오.

2. 키보드로부터 이름을 반복하여 입력받으며 엔터 키를 누를 때마다 이름이 names.txt 파일에 저장되는 코드를 작성하시오. 입력된 이름이 "종료"이면, names.txt 파일로의 기록을 중지하고 프로그램이 종료되도록 하시오.

JAVA

컬렉션과 맵

13장
컬렉션과 맵

프로그래밍은 자료를 처리하는 작업이다. 프로그래밍 과정에서는 현실 세계에 존재하는 다양한 형태의 자료를 프로그램에서 처리하기에 효과적인 형태로 재구성하여 사용한다. 이런 자료의 구성을 자료구조(Data Structure)라고 부른다. 11장에서 직접 구현해본 링크드 리스트도 자료구조의 일부분이다.

한편, 프로그래밍 과정에서 자료구조를 직접 구현할 경우 많은 시간과 노력을 필요로 하며, 오류를 포함할 수 있는 가능성도 높아진다. 또한, 유사한 자료구조를 수많은 프로그래머들이 직접 구현한다는 것도 생산성을 떨어뜨리는 일일 것이다.

Java에서는 이런 애로사항을 해결하기 위하여 객체들을 다루기 위한 컬렉션과 맵이라는 라이브러리를 제공한다. 컬렉션과 맵에는 프로그래밍 과정에서 가장 빈번하게 필요로 하는 중요한 자료구조들이 구현되어 있으므로, 프로그래머가 자료구조를 구현하기 위한 복잡한 작업을 직접 할 필요가 없다. 컬렉션과 맵은 사용방법이 간단하기 때문에 프로그래밍 단계의 생산성이 매우 높아진다.

다음은 컬렉션과 맵에서 제공하는 주요 자료구조이다. 이 자료구조들은 프로그래밍 작업에서 매우 빈번하게 사용된다.

〈컬렉션〉

ArrayList

LinkedList

HashSet

TreeSet

〈맵〉

HashMap

TreeMap

위 자료구조들의 이름에 List, Set, Map 등이 나타나는데, 각각의 특성은 다음과 같다.

List: 중복을 허용하며 순서를 가진다.

예: 학생 출석부

Set: 중복을 허용하지 않고 순서도 가지지 않는다.

예: 과일 이름의 집합

Map: 키와 값을 가진다.

예: 영한 사전의 단어는 키, 뜻은 값

이 중 본서에서는 프로그래밍 작업에서 가장 빈번하게 사용되는 ArrayList과 HashMap의 사용 예를 통해 컬렉션의 사용 방법을 알아본다. 컬렉션의 각 자료구조별 사용방법은 유사하기 때문에, 한 두 가지 자료구조에 대한 사용 예를 살펴보면 나머지 자료구조의 사용방법도 쉽게 이해할 수 있다.

 ArrayList 만들기

ArrayList는 객체를 저장하기 위한 배열에 대한 처리를 제공한다. 클래스의 객체를 ArrayList에 배열화하여 저장할 수 있으며, 정렬 기능도 지원한다. ArrayList를 사용해보기 위하여 소스코드 66에서와 같이 Student라는 클래스를 정의하여 ArrayList에 저장하기 위한 대상으로 사용할 것이다.

Student 클래스는 성적 처리를 위하여 5~8행과 같이 이름(name), 국어(korean), 수학(math), 평균(average)을 멤버 변수로 가진다. 또한 이 멤버변수들에 값을 저장하기 위한 메소드 4개(17~31행)와 이 멤버변수들의 값을 얻기 위한 메소드 4개(33~47행)를 가진다. 10~15행에 보이는 Student 생성자 메소드는 이름, 국어, 영어, 평균 값을 전달받아 객체를 초기화하는 역할을 한다.

소스코드 66 **ArrayList 만들기**

```
1 : import java.util.ArrayList;
2 :
3 : class Student {
4 :
```

```
 5 :     String name;
 6 :     int korean;
 7 :     int math;
 8 :     int average;
 9 :
10 :    public Student(String name, int korean, int math, int average) {
11 :            this.name = name;
12 :            this.korean = korean;
13 :            this.math = math;
14 :            this.average = average;
15 :    }
16 :
17 :    public void setName(String name) {
18 :            this.name = name;
19 :    }
20 :
21 :    public void setKorean(int korean) {
22 :            this.korean = korean;
23 :    }
24 :
25 :    public void setMath(int math) {
26 :            this.math = math;
27 :    }
28 :
29 :    public void setAverage(int average) {
30 :            this.average = average;
31 :    }
32 :
33 :    public String getName() {
34 :            return this.name;
35 :    }
```

```
36 :
37 :     public int getKorean() {
38 :             return this.korean;
39 :     }
40 :
41 :     public int getMath() {
42 :             return this.math;
43 :     }
44 :
45 :     public int getAverage() {
46 :             return this.average;
47 :     }
48 :
49 : }
50 :
51 : public class JavaTest {
52 :         public static void main(String[] args) {
53 :
54 :                 ArrayList<Student> studentList = new
    ArrayList<Student>();
55 :
56 :                 // 객체를 ArrayList에 입력
57 :                 studentList.add(new Student("홍길동", 90, 85, 0));
58 :                 studentList.add(new Student("김길동", 80, 90, 0));
59 :                 studentList.add(new Student("이길동", 90, 90, 0));
60 :
61 :                 // 각 객체에서 국어, 수학 점수를 얻어 평균을 구한 후 평균값
    저장
62 :                 for (int i = 0; i < studentList.size(); i++) {
63 :                         int k = studentList.get(i).getKorean();
64 :                         int m = studentList.get(i).getMath();
```

```
65 :                    int a = (k + m) / 2;
66 :                    studentList.get(i).setAverage(a);
67 :            }
68 :
69 :            // 각 객체의 값들을 출력
70 :            for (int i = 0; i < studentList.size(); i++) {
71 :                    System.out.print(studentList.get(i).getName()
   + "  ");
72 :                    System.out.print(studentList.get(i).getKorean()
   + "  ");
73 :                    System.out.print(studentList.get(i).getMath() +
   "  ");
74 :
   System.out.println(studentList.get(i).getAverage());
75 :            }
76 :
77 :     }
78 : }
```

ArrayList는 다음과 같이 간단한 선언(소스코드 66의 54행)을 통해 사용할 수 있다. 아래에서는 studentList라는 ArrayList를 선언한 것이며, 이 ArrayList에는 Student 클래스의 객체를 저장할 것이라는 것을 선언하고 있다. ArrayList의 사용을 위해서는 import java.util.ArrayList;와 같이 import 작업이 필요한데, 이클립스에서는 [Control - Shift - O] 키를 동시에 누르면 자동으로 import 작업을 처리해준다.

```
ArrayList<Student> studentList = new ArrayList<Student>();
```

이제 studentList에 객체를 저장하는 방법을 살펴보자. 소스코드 66의 57~59

행에서는 "홍길동", "김길동", "이길동" 등 3명에 대해 객체를 생성한 후 생성된 객체를 studentList에 추가하고 있다. 객체를 ArrayList에 추가할 때는 ArrayList에서 제공하는 메소드 add를 사용한다. 57~59행에서는 객체의 생성과 ArrayList로의 추가를 한 라인에서 한 번에 처리했는데 다음과 같이 2 단계로 나누어 처리해도 의미는 동일하다.

```
Student stu = new Student("홍길동", 90, 85, 0);
studentList.add(stu);
```

소스코드 66의 62행을 보면 size() 메소드가 반복문에 사용되었는데, size()는 ArrayList내에 저장된 객체의 수를 알려준다. 63행에서 사용된 get() 메소드는 주어진 인덱스에 해당되는 객체를 반환해주는 역할을 하는 ArrayList의 메소드이다. 63행에서와 같이 studentList에서 i번째 객체를 가져온 후 그 객체의 getKorean() 메소드를 호출하여 국어 점수를 얻어올 수 있다.

```
int k = studentList.get(i).getKorean();
```

이와 반대로 66행에서는 i번째 객체를 얻어와 그 객체의 setAverage() 메소드를 사용하여 평균값을 설정하는 것을 볼 수 있다.

```
studentList.get(i).setAverage(a);
```

소스코드 66의 70~74행에서는 위에서 설명된 방법을 사용하여 studentList에 저장된 모든 객체들의 값을 출력하는 예를 보인다. 다음은 소스코드 66의 출력 결과이다.

```
홍길동 90 85 87
김길동 80 90 85
이길동 90 90 90
```

지금까지 살펴본 바와 같이 ArrayList는 여러 개의 객체를 배열로 처리할 수 있는 방법을 제공하고 있으며, 그 사용방법이 선언과 메소드 호출만으로 이루어져 매우 편리함을 알 수 있다. 프로그래머가 객체 배열을 직접 구현하는 과정의 노력을 줄일 수 있으며 정확한 처리가 가능한 강점을 가진다.

 interface와 implements

앞에서 studentList에 3명의 학생에 대한 성적을 입력하고 각 객체에 대해 학생의 평균을 저장하였다. 이제 평균값을 기준으로 studentList 내의 객체들을 정렬해보자.

한편, ArrayList의 정렬을 위해서는 interface라는 개념의 이해가 필요하다. interface의 개념을 쉽게 이해하기 위하여 다음과 같은 대화를 가정해본다.

철수: 오늘 파티의 드레스 코드가 뭐야?
영희: 반드시 머플러를 하고 오는 거야.
철수: 그렇다면 머플러가 없으면 파티에 입장이 불가능한 거지?
영희: 그렇지. 머플러가 오늘 파티의 정해진 규칙이기 때문이지.

위 대화에서 파티에 입장하기 위해서는 머플러 매기라는 약속을 반드시 지켜야 함을 알 수 있다. Java에서의 interface는 클래스의 메소드에 대한 약속이다. 어떤 interface를 따르기로 하면, 반드시 그 interface에서 정해놓은 규칙의 메소드를 클래스에 포함시켜야 한다.

소스코드 67의 3~5행에서는 Restaurant라는 interface를 정의하고 있다. Restaurant에서는 public String serve() 형태의 메소드를 꼭 포함할 것을 지정하고 있다. 마치 파티에 반드시 머플러를 지참해야 하는 것과도 유사한 상황이다. 클래스가 어떤 interface를 따를 때는 implements라는 키워드를 사용한다. 소스코드 67의 7행에서는 Korean이라는 클래스를 정의하기 시작하는데, 이 때 implements를 사용하여 Restaurant라는 interface를 따를 것을 약속하고 있다. 따라서 Korean 클래스는 반드시 serve()라는 메소드를 포함해야 한다. Restaurant 클래스 내에서는 8~10행에 걸쳐 serve() 메소드를 구현하였다. 여기에서 중요한 점은 interface는 어떤 메소드를 꼭 포함하라는 규칙일 뿐 그 메소드의 내용에 대해서는 지정하지 않는다는 점이다. 9행을 보면 "김치"라는 문자열을 반환하는 기능을 정의하였다.

이와 같은 방법으로 13~17행에 걸쳐 생성된 Western이라는 클래스도 Restaurant interface를 따르도록 하였다. Western 클래스 역시 내부에 serve()라는 메소드를 포함시켜 Restaurantinterface의 약속을 따른다.

소스코드 67 **interface 생성 및 사용방법**

```
1 : import java.util.ArrayList;
2 :
```

```
 3 : interface Restaurant {
 4 :     public String serve();
 5 : }
 6 :
 7 : class Korean implements Restaurant {
 8 :     public String serve() {
 9 :             return "김치";
10 :     }
11 : }
12 :
13 : class Western implements Restaurant {
14 :     public String serve() {
15 :             return "스테이크";
16 :     }
17 : }
18 :
19 : public class JavaTest {
20 :     public static void main(String[] args) {
21 :             ArrayList<Korean> kList = new ArrayList<Korean>();
22 :             ArrayList<Western> wList = new
    ArrayList<Western>();
23 :
24 :             kList.add(new Korean());
25 :             wList.add(new Western());
26 :
27 :             System.out.println(kList.get(0).serve());
28 :             System.out.println(wList.get(0).serve());
29 :
30 :     }
31 : }
```

소스코드 67의 21행에서는 kList라는 ArrayList를 선언하였다. kList에는 Korean 클래스의 객체가 저장된다. 22행에서는 wList라는 ArrayList가 선언되었으며, wList에는 Western 클래스의 객체가 저장된다. 24행에서는 Korean 클래스의 객체를 생성하여 kList에 추가하였고, 25행에서는 Western 클래스의 객체를 생성하여 wList에 추가하였다. 27행에서는 kList에서 0번째 객체를 얻어서 그 멤버함수 server()를 호출하였으며, 이 때 "김치"가 출력된다. 28행에서는 wList에서 0번째 객체를 얻어서 그 멤버함수 server()를 호출하였으며, 이 때 "스테이크"가 출력된다. 다음은 소스코드 67의 실행 결과이다.

```
김치
스테이크
```

 ArrayList 정렬하기

ArrayList를 정렬하는 방법도 매우 간단하다. 소스코드 68은 소스코드 66과 거의 동일하며 정렬에 관련된 코드만 몇 줄 추가되었다. ArrayList의 정렬을 위해서는 다음 3가지 작업만 해주면 된다.

1. 클래스 선언시 Comparable 인터페이스 사용
2. 클래스 내에 compareTo() 메소드 추가
3. Collections.sort() 메소드 호출

소스코드 68의 4행을 보면 Student 클래스를 선언하는 부분에 Comparable이라는 인터페이스를 사용하는 것을 볼 수 있다. Comparable 인터페이스를 따르기 위해서는 클래스 내에 compareTo()라는 메소드를 구현하여 주도록 Java에 약속되어 있다.

소스코드 68의 50~52행에서는 Student 클래스 내에 compareTo() 메소드를 구현하였다. compareTo() 메소드는 매개변수로 객체를 받는데, 이 때는 최상위 클래스인 Object 클래스 형태로 객체를 받는다. compareTo() 메소드 내에서는 정렬의 기준으로 사용할 값을 비교하여 그 차이 값을 반환해주면 모든 역할이 끝난다. 본 예에서는 평균값을 기준으로 정렬을 할 것이기 때문에 전달받은 객체의 getAverage() 메소드를 사용하여 그 객체의 평균값을 얻은 후, 현재 객체 자신이 가지고 있는 평균값(this.average)과의 차이를 반환하였다. 내림차순 정렬을 위해 전달받은 객체의 평균값에서 자신의 값을 뺀 값을 반환하였는데, 만약 오름차순으로 정렬하고자 할 경우에는 자신의 평균값에서 전달받은 객체의 평균값을 뺀 값을 반환하면 된다. 51행의 ((Student) ob).getAverage() 부분에서는 전달받은 객체 ob를 Student 클래스 현태로 형변환을 한 후 Student 클래스의 메소드 getAverage()를 호출하였다.

소스코드 68 **ArrayList 정렬하기**

```
1 : import java.util.ArrayList;
2 : import java.util.Collections;
3 :
4 : class Student implements Comparable {
5 :
6 :     String name;
```

```
 7 :     int korean;
 8 :     int math;
 9 :     int average;
10 :
11 :     public Student(String name, int korean, int math, int average) {
12 :             this.name = name;
13 :             this.korean = korean;
14 :             this.math = math;
15 :             this.average = average;
16 :     }
17 :
18 :     public void setName(String name) {
19 :             this.name = name;
20 :     }
21 :
22 :     public void setKorean(int korean) {
23 :             this.korean = korean;
24 :     }
25 :
26 :     public void setMath(int math) {
27 :             this.math = math;
28 :     }
29 :
30 :     public void setAverage(int average) {
31 :             this.average = average;
32 :     }
33 :
34 :     public String getName() {
35 :             return this.name;
36 :     }
37 :
```

```
38 :    public int getKorean() {
39 :            return this.korean;
40 :    }
41 :
42 :    public int getMath() {
43 :            return this.math;
44 :    }
45 :
46 :    public int getAverage() {
47 :            return this.average;
48 :    }
49 :
50 :    public int compareTo(Object ob) {
51 :            return ((Student) ob).getAverage() - this.average;
52 :    }
53 :
54 : }
55 :
56 : public class JavaTest {
57 :    public static void main(String[] args) {
58 :
59 :            ArrayList<Student> studentList = new
     ArrayList<Student>();
60 :
61 :            // 객체를 ArrayList에 입력
62 :            studentList.add(new Student("홍길동", 90, 85, 0));
63 :            studentList.add(new Student("김길동", 80, 90, 0));
64 :            studentList.add(new Student("이길동", 90, 90, 0));
65 :
66 :            // 각 객체에서 국어, 수학 점수를 얻어 평균을 구한 후 평균값
     저장
```

```
67 :            for (int i = 0; i < studentList.size(); i++) {
68 :                int k = studentList.get(i).getKorean();
69 :                int m = studentList.get(i).getMath();
70 :                int a = (k + m) / 2;
71 :                studentList.get(i).setAverage(a);
72 :            }
73 :
74 :            // 각 객체의 값들을 출력
75 :            for (int i = 0; i < studentList.size(); i++) {
76 :                System.out.print(studentList.get(i).getName()
    + "  ");
77 :                System.out.print(studentList.get(i).getKorean()
    + "  ");
78 :                System.out.print(studentList.get(i).getMath() +
    "  ");
79 :
    System.out.println(studentList.get(i).getAverage());
80 :            }
81 :
82 :            Collections.sort(studentList);
83 :
84 :            System.out.println("\n<정렬 결과>");
85 :            for (int i = 0; i < studentList.size(); i++) {
86 :                System.out.print(studentList.get(i).getName()
    + "  ");
87 :                System.out.print(studentList.get(i).getKorean()
    + "  ");
88 :                System.out.print(studentList.get(i).getMath() +
    "  ");
89 :
    System.out.println(studentList.get(i).getAverage());
```

```
90 :                }
91 :
92 :      }
93 : }
```

소스코드 68의 82행에서는 Collections.sort() 메소드를 호출했는데, 그 매개변수로 studentList를 전달했다. sort() 메소드 호출을 통하여 studentList는 간단히 정렬된다. 다음은 소스코드 68의 실행 결 과이며, 평균값을 기준으로 내림차순으로 정렬된 것을 볼 수 있다.

```
홍길동  90  85  87
김길동  80  90  85
이길동  90  90  90

<정렬 결과>
이길동  90  90  90
홍길동  90  85  87
김길동  80  90  85
```

지금까지 살펴본 바와 같이 Java의 컬렉션은 프로그래밍의 생산성을 매우 높여준다. 여러 객체를 처리할 배열의 생성 및 조작부터 정렬까지 몇 가지 간단한 선언을 통하여 쉽게 처리할 수 있음을 살펴보았다.

ArrayList 정렬하기 두 번째 방법

ArrayList를 정렬하는 방법을 한 가지 더 알아보자. 앞에서는 Student 클래스 내부에 compareTo()라는 메소드를 추가하는 방법을 사용하였다. 본 절에서는 어떤 사정에 의하여 Student 클래스를 수정하지 않고 정렬을 해야 하는 경우에 대하여 알아본다.

소스코드 69의 12~51행에 구현된 Student 클래스에는 앞 절에서 사용한 Comparable이라는 인터페이스가 빠져있다. 즉, 최초에 사용했던 Student 클래스의 기능만 구현되어 있다. 대신 79~84행에 걸쳐 main() 메소드 내에 StuCompare라는 새로운 내부 클래스를 구현하였다. StuCompare 클래스는 Comparator 인터페이스를 사용한다. 앞 절에서 사용한 Comparable이라는 인터페이스와 구분하여 기억해놓자.

Comparator 인터페이스는 compare()라는 메소드를 클래스에 포함시킬 것을 요구한다. 따라서 StuCompare 클래스 내부에는 compare() 메소드를 구현 하였으며, 이 메소드는 두 개의 객체를 매개변수로 받아 각 객체의 비교 대상 값의 차이값을 반환한다. 소스코드 69의 81, 82 행에서는 두 객체에서 평균값을 얻어와 그 차이를 반환한다. 내림차순 정렬을 위하여 r2의 평균값에서 r1의 평균값을 뺐으며, 오름차순 정렬을 위해서는 이 빼는 방향을 반대로 하면 된다.

소스코드 69의 86행에서는 StuCompare 클래스의 객체 sc를 생성하였고, 88행에서는 Collections.sort(studentList, sc)와 같이 호출하여 sc 객체를 이용하여 studentList가 정렬되도록 하였다.

소스코드 69 ArrayList 정렬하기 두 번째 방법

```
 1 : import java.util.ArrayList;
 2 : import java.util.Collections;
 3 : import java.util.Comparator;
 4 :
 5 : class Student {
 6 :
 7 :     String name;
 8 :     int korean;
 9 :     int math;
10 :     int average;
11 :
12 :     public Student(String name, int korean, int math, int average) {
13 :             this.name = name;
14 :             this.korean = korean;
15 :             this.math = math;
16 :             this.average = average;
17 :     }
18 :
19 :     public void setName(String name) {
20 :             this.name = name;
21 :     }
22 :
23 :     public void setKorean(int korean) {
24 :             this.korean = korean;
25 :     }
26 :
27 :     public void setMath(int math) {
28 :             this.math = math;
29 :     }
30 :
```

```
31 :     public void setAverage(int average) {
32 :             this.average = average;
33 :     }
34 :
35 :     public String getName() {
36 :             return this.name;
37 :     }
38 :
39 :     public int getKorean() {
40 :             return this.korean;
41 :     }
42 :
43 :     public int getMath() {
44 :             return this.math;
45 :     }
46 :
47 :     public int getAverage() {
48 :             return this.average;
49 :     }
50 :
51 : }
52 :
53 : public class JavaTest {
54 :     public static void main(String[] args) {
55 :
56 :             ArrayList<Student> studentList = new
   ArrayList<Student>();
57 :
58 :             // 객체를 ArrayList에 입력
59 :             studentList.add(new Student("홍길동", 90, 85, 0));
60 :             studentList.add(new Student("김길동", 80, 90, 0));
```

```
61 :            studentList.add(new Student("이길동", 90, 90, 0));
62 :
63 :            // 각 객체에서 국어, 수학 점수를 얻어 평균을 구한 후 평균값
    저장
64 :            for (int i = 0; i < studentList.size(); i++) {
65 :                    int k = studentList.get(i).getKorean();
66 :                    int m = studentList.get(i).getMath();
67 :                    int a = (k + m) / 2;
68 :                    studentList.get(i).setAverage(a);
69 :            }
70 :
71 :            // 각 객체의 값들을 출력
72 :            for (int i = 0; i < studentList.size(); i++) {
73 :                    System.out.print(studentList.get(i).getName()
    + "  ");
74 :                    System.out.print(studentList.get(i).getKorean()
    + "  ");
75 :                    System.out.print(studentList.get(i).getMath() +
    "  ");
76 :
    System.out.println(studentList.get(i).getAverage());
77 :            }
78 :
79 :            class StuCompare implements Comparator {
80 :                    public int compare(Object r1, Object r2) {
81 :                            return ((Student) r2).getAverage()
82 :                            - ((Student) r1).getAverage();
83 :                    }
84 :            }
85 :
86 :            StuCompare sc = new StuCompare();
```

```
87 :
88 :             Collections.sort(studentList, sc);
89 :
90 :             System.out.println("\n<정렬 결과>");
91 :             for (int i = 0; i < studentList.size(); i++) {
92 :                     System.out.print(studentList.get(i).getName()
    + "  ");
93 :                     System.out.print(studentList.get(i).getKorean()
    + "  ");
94 :                     System.out.print(studentList.get(i).getMath() +
    "  ");
95 :
    System.out.println(studentList.get(i).getAverage());
96 :             }
97 :
98 :     }
99 : }
```

다음은 소스코드 69의 실행 결과이며 Comparable을 사용하여 정렬했을 때와 결과는 동일하다.

```
홍길동  90  85  87
김길동  80  90  85
이길동  90  90  90

<정렬 결과>
이길동  90  90  90
홍길동  90  85  87
김길동  80  90  85
```

본서에서는 컬렉션을 쉽게 이해할 수 있도록 하기 위하여 최소한의 메소드 호출을 사용하였다. ArrayList와 같은 컬렉션은 다양하고 편리한 메소드를 제공한다. 이에 대해서는 자세한 Java 문서를 참고하도록 한다.

HashMap 만들기

Hash 자료구조는 Hash 연산에 의하여 자료의 위치를 한 번에 결정하는 방식이다. 순차검색이나 이진검색을 이용하여 자료 목록을 검색할 경우 여러 번의 비교가 발생하지만, Hash 방식은 단 한 번의 연산을 통해 자료의 위치가 결정되므로 검색 시간이 빠르고 일정하다. 반면, Hash는 메모리 관리가 복잡하고 메모리의 낭비가 발생할 수 있는데, 이에 대한 설명은 본 서에서는 논외로 한다.

HashMap의 사용 방법을 보자. 소스코드 70에서는 HashMap을 사용하여 간단한 영어 단어장을 만드는 예를 보인다. 소스코드 70의 6행에서는 words라는 HashMap을 선언하였다. HashMap은 키와 값들의 쌍으로 이루어진다. 키를 통해 값을 찾는 것이다. 6행에서는 String형태의 키를 사용하여, String 형태의 값으로 HashMap을 사용하도록 선언하였다.

소스코드 70의 8~10행에서는 words에 키와 값의 쌍을 추가하는 방법을 보여준다. add() 메소드를 사용하여 키와 값을 전달하면 HashMap에 추가가 이루어진다. 12~14행에서는 HashMap에 키를 전달하여 해당되는 값을 얻어오는 예를 보인다. 12행의 경우 get()메소드를 사용하여 words로부터 “apple” 이라는 키를 가진 값을 가져와 출력하였다. 이 때 “사과”가 출력 되었다. 반면

13의 경우에는 get() 메소드에 "bus"를 전달하였는데, 이 키는 words에 존재하지 않으므로 null 값이 반환된다.

소스코드 70 **HashMap 만들기**

```
1 : import java.util.HashMap;
2 :
3 : public class JavaTest {
4 :   public static void main(String[] args) {
5 :
6 :           HashMap<String, String> words = new HashMap<String,
    String>();
7 :
8 :           words.put("zebra", "얼룩말");
9 :           words.put("apple", "사과");
10 :          words.put("tree", "나무");
11 :
12 :          System.out.println(words.get("apple"));
13 :          System.out.println(words.get("bus"));
14 :          System.out.println(words.get("tree"));
15 :
16 :   }
17 : }
```

다음은 소스코드 70을 실행한 결과이다.

```
사과
null
나무
```

연 습 문 제

1. 책의 제목과 책의 가격을 멤버변수로 포함하며, 책의 제목 및 가격을 설정하고 얻어올 수 있는 메소드들로 구성되는 클래스를 정의하시오.

2. 위 1번 문항에서 정의된 클래스의 객체들을 입력받는 ArrayList를 만들고, 5권의 책에 대한 객체를 생성하여 ArrayList에 저장하고 ArrayList 내의 모든 값을 출력하시오.

3. Comparable 인터페이스를 사용하여 위의 ArrayList를 책 제목의 오름차순으로 정렬하시오.

4. Comparator 인터페이스를 사용하여 위의 ArrayList를 책 제목의 내림차순으로 정렬하시오.

5. 책 제목을 키로 가지며 저자의 이름을 값으로 가지는 HashMap을 정의한 후, 5권의 책에 대하여 책 제목과 저자의 이름을 HashMap에 추가하시오. HashMap에 책 제목을 전달하여 저자의 이름을 얻는 코드를 작성하시오.

JAVA

Java + 알파

14장

Java + 알파

본서는 Java 언어의 입문서이다. 입문서의 성격에 맞게 최대한 기본적인 부분에 충실할 수 있도록 하였으며, 사용된 예제 또한 간결한 코드를 사용하였다. 지금까지 설명된 Java의 기초 문법 사항 이외에도 사용 목적에 따라 많은 Java 관련 기술들이 있다. Java 언어와 관련된 전반적인 기술에 대해 추가적으로 살펴본다.

컬렉션(Collections)

Java 에서는 여러 가지 객체들을 쉽게 다루기 위한 컬렉션이라는 자료 구조를 제공한다. 컬렉션은 임의의 개수의 자료를 저장할 수 있다. 또한 컬렉션을 사용하면 프로그래머가 배열이나 링크드 리스트와 같은 자료구조를 직접 처리할 필요가 없어져 프로그래밍을 더욱 쉽게 할 수 있다. 컬렉션에 자료를 넣거나 접근할 때는 직접 하지 않고 컬렉션이 제공하는 메소드를 사용하여 접근한다. 컬렉션을 사용하면 본서에서 Java를 학습하며 구현해봤던 링크드 리스트를 직접 만들지 않아도 되며, 정렬(sort)와 같은 기능도 기본적으로 제공된다.

제네릭(Generics)

제네릭은 데이터 형식에 의존하지 않고 재사용성을 높일 수 있는 프로그래밍 방식이다. Java의 컬렉션과 함께 많이 사용된다. 메소드나 클래스가 다양한 타입의 객체를 다룰 때 컴파일 시에 타입 체크를 해준다. JDK 1.5 버전부터 제공되는 기능이다.

스윙(Swing)

스윙(Swing)은 자바에서 GUI(Graphic User Interface)를 구현하기 위한 도구이다. JDK에서 기본적으로 제공하되는 클래스의 일부이다. 기존에 Java에서 GUI를 위해 사용되던 AWT의 제약을 극복하기 위하여 만들어졌다. 스윙은 JDK 1.2 버전부터 정식으로 JDK에 포함되었다. 각종 컴포넌트들을 자바에서 직접 그려서 구현을 하기 때문에 각종 운영 환경에 영향을 받지 않고 동일한 화면을 보여줄 수 있다. Java를 사용하여 윈도우 방식의 프로그래밍을 하는 경우에 사용된다.

AWT(Abstract Window Toolkit)

AWT는 Java 프로그램에서 GUI를 구현하기 위한 API이며 JFC(Java Foundation Classes)에 포함된다. 지금은 스윙이 사용된다.

스프링 프레임 워크(Spring Framework)

스프링 프레임워크(Spring Framework)는 자바 플랫폼을 위한 오픈소스 애플리케이션 프레임워크로서 간단히 스프링(Spring)이라고도 불린다. 동적인 웹 사이트를 개발하기 위한 여러 가지 서비스를 제공하고 있다. 대한민국 공공기관의 웹 서비스 개발 시 사용을 권장하고 있는 전자정부 표준프레임워크의 기반 기술로서 쓰이고 있다. Rod Johnson이 2002년에 출판한 자신의 저서인 Expert One-on-One J2EE Design and Developement에 선보인 코드를 기반으로 시작하여 점점 발전하게 되었다. 이 프레임워크는 2003년 6월에 최초로 아파치 2.0 라이선스로 공개되었다. (위키백과 참조)

Java 빈즈(JavaBeans)

자바빈즈(JavaBeans)는 자바로 작성된 소프트웨어 컴포넌트이다.자바빈즈의 사양은 썬 마이크로시스템즈에서 다음과 같이 정의되었다. "빌더 형식의 개발도구에서 가시적으로 조작이 가능하고 또한 재사용이 가능한 소프트웨어 컴포넌트이다." 많은 측면에서 유사성을 보임에도 불구하고 자바빈즈는 엔터프라이즈 자바빈즈(EJB)와 혼동하지 말아야 한다. EJB는 자바 플랫폼, 엔터프라이즈 에디션(Java EE)의 일부로서 서버 계열의 컴포넌트이다. (위키백과 참조)

 JSP(Java Server Page)

JSP는 웹 서버에서 동작하는 서블릿을 통해 웹 콘텐트를 다루는 기술이다. Java가 클라이언트, 즉 일반 사용자 쪽에서 사용되는 기술이라면 JSP는 서버 쪽에서 사용되는 기술이다. 흔히 웹 프로그램으로 불리는 여러 기술 중의 하나이다. JSP 사용하여 동적인 웹 페이지의 작성이 가능하다.

 애플릿(Applet)

JSP가 웹 서버 쪽에서 컴퓨터에서 실행되는 프로그램이라면 애플릿은 사용자 쪽 브라우저로 이동하여 실행되는 클라이언트 쪽 프로그램이다. 스윙(Swing)이나 AWT 만들어진 GUI(Graphic User Interface) 기반으로 동작한다.

 JNI(Java Native Interface)

Java가 C언어와 같은 다른 언어와 상호작용할 수 있도록 해주는 인터페이스이다. JNI가 자바 가상 머신(JVM)에 포함됨으로써 Java에서 호스트 운영체제(예: 윈도우)의 입출력, 그래픽, 네트워크 등 로컬 시스템 호출이 가능하다. JNI가 필요한 경우는 기존의 다른 언어 프로그램과 연계가 필요한 경우, 호스트 시스템의 하드웨어를 콘트롤 하기 위한 경우, 빠른 속도를 요하는 경우 호스트 시스템 전용 언어와 함께 사용하기 위한 경우 등이 있다.

 JNA(Java Native Access)

자바 프로그램이 JNI를 사용하지 않고 Native Shared Libraries를 쉽게 접근할 수 있게 해준다. JNA의 목표는 자연스럽고 적은 노력으로 native access를 제공하는 것이다. 라이브러리를 로드하고 함수 포인트를 통해 기존의 함수를 호출할 수 있도록 해준다. 정적 바인딩, 헤더 파일, 컴파일 작업 등이 필요하지 않아 편리하다.

이해를 돕기 위하여 한 가지 예를 들어보자. JNA를 사용하면 C언어로 작성된 dll(동적 링크 라이브러리)을 Java에서 간단히 호출할 수 있다. 그러므로 기존의 윈도우 운영체제에서 작성된 모든 dll 호출이 가능하다. 이를 이용하여 서로 다른 언어로 라이브러리를 만들고 상호 장점을 이용하는 일이 가능해진다.

색인
INDEX

저 자 **유채곤**

충남대학교 전산학과(학사), South Dakota 주립대학교 Dept. of Computer Science(석사), 충남대학교 컴퓨터과학과(박사)를 졸업하고, 현재 대덕대학교 교수로 재직하고 있다. 〈쉬운 Java 교과서〉, 〈게임물리바이블〉, 〈DirectX 기초 프로그래밍〉, 〈쉬운 홈페이지 제작을 위한 구글 사이트 도구〉 외 다수의 컴퓨터 관련 저서 및 역서를 출간하였다. 또한 언어 분야에서도 〈지하철에서 끝내는 스피디 영문법〉, 〈원어민도 놀라는 영어 발음 비밀 25〉, 〈60단어만 알면 술술 풀리는 신기한 영문법〉, 〈영어 리스닝 이렇게 쉬워도 돼?〉 등의 저서를 통하여 영어 교육 실용화에 기여하고 있다.

e-mail : welcome2books@gmail.com

〈개정판〉 쉬운 Java 교과서

개정 1쇄 인쇄 2016년 04월 05일
개정 1쇄 발행 2016년 04월 15일
저　　자 유채곤
발 행 인 이범만
발 행 처 **21세기사** (제406-00015호)
경기도 파주시 산남로 72-16 (10882)
Tel. 031-942-7861　　Fax. 031-942-7864
E-mail : 21cbook@naver.com
Home-page : www.21cbook.co.kr
ISBN 978-89-8468-541-3

정가 20,000원